Mühlan-Tip 4

Warum gleich in die Luft gehen?

Verschiedene Temperamente in der Familie

Eberhard Mühlan

Mühlan-Tip 4

Schulte & Gerth

Bestell-Nr. 15 221
ISBN 3-89437-221-4
1. Auflage 1993
Umschlaggestaltung: Ursula Stephan
Umschlag- und Textillustration: Knut Thomas Adler
Satz: Typostudio Rücker & Schmidt
Druck und Verarbeitung: Ebner Ulm
Printed in Germany

ALLES REINE
"SELBSTBEHERRSCHUNG
Klh
DER ZEICHNER

Inhalt

Persönlichkeitsentwicklung – wie geschieht sie?

Keins gleicht dem anderen

Bei Claudia, meiner Frau, trifft sich schon seit vielen Jahren vierzehntägig ein Mütterkreis. Meistens sind es Frauen mit Babys oder Kleinkindern, die sich zusammensetzen und im Gespräch austauschen. Ich genieße es, für ein zweites Frühstück zu ihnen ins Eßzimmer zu schlüpfen und ihrer Unterhaltung zu lauschen.

Aber meistens beobachte ich die Kinder. Wie unterschiedlich sie doch sind! Keins gleicht dem anderen. Das eine Baby liegt ruhig, beinahe ausdruckslos im Arm seiner Mutter, ein anderes macht ihr mit seinem Strampeln so zu schaffen, daß sie nur mit Mühe zum Essen kommt. Ein Zweijähriger schreit mit entschlossener Miene nach einem Puzzle im Regal, an das er nicht heranreichen kann, ein anderer trällert mit friedlicher Miene ein Lied.

Und dann die Mütter: Die eine scheint nichts aus der Ruhe bringen zu können. Mit stoischer Miene bleibt sie bei ihrem „Nein“, obwohl sich die Kleine aus Protest auf den Boden schmeißt. Einer anderen ist die Nervosität ins Gesicht geschrieben …

Als ich wieder in meinem Arbeitszimmer sitze, geht

mir durch den Kopf: Wie werden sich diese Kleinen weiterentwickeln? Und die Eltern: Wie werden sie es packen, wie auf ihre Kinder eingehen?

Jede Familie ist doch eine Welt für sich. Nehme ich nur einmal unseren Mühlan-Clan: Vater, Mutter, sechs angenommene und sieben leibliche Kinder. Claudia und ich – jeder hat seine eigenen Interessen und seine eigene Art, auf Kinder einzugehen, obwohl wir uns mit den Jahren weitestgehend aufeinander abstimmen konnten. Claudia, von Haus aus die etwas kühlere, ich der etwas großzügigere ... Beide sind wir durchorganisierte Arbeitstypen. Wenn wir zupacken, fliegen halt die Fetzen! Wir haben einen „Natur-Tick“; deshalb wachsen unsere Kinder mit Garten, Tieren und gesunder Ernährung auf. Urlaub verbringen wir am liebsten als Globetrotter in einem verschwiegenen Winkel der Welt. Pilze sammeln, angeln, die halbe Nacht am Lagerfeuer verbringen, im Freien schlafen und möglichst keinen anderen Menschen dabei begegnen.

Und dann die Kinder! Wenn wir genauer hinschauen, ist jedes ein Original mit seinen eigenen Fähigkeiten und Begrenzungen. Sie haben fast alle unsere Liebe zur Natur übernommen, manche allerdings nicht unseren flinken Arbeitsstil. Im Vergleich zu uns gibt es bemerkenswert langsame Kinder, die Arbeit ganz anders anfassen als wir. Wenn man da nicht auf sich aufpaßt, könnte man regelrecht in die Luft gehen ...

Und dann ihre unterschiedlichen Interessen! Das eine kann sich mit „Biene“, unserem Berner Sennhund, stundenlang draußen herumtreiben und stirbt vor Langeweile, wenn es sich bei schlechtem Wetter drinnen beschäftigen muß, ein anderes schafft sich in seinem Zimmer durch Zeichnen, Musizieren und Schmökern seine eigene Welt. Was haben wir aufgeatmet, wenn ein Kind alleine gut in der Schule zurechtkam, während wir bei einem anderen unendlich viel Zeit und Geduld für das Üben investieren mußten!

Am auffallendsten: Ein Kind hält sich leichter an Familienregeln, während ein anderes eine ganz schöne Portion Standhaftigkeit und Konsequenz benötigt, bis es einlenkt. Die eine singt und strahlt fast immer, der andere zieht eher verschlossen durchs Haus. Oder: Er das Plappermäulchen, sie die verschmuste Stille. Da gibt es den Arbeitswilligen, der ungefragt mit zugreift, und den Drückeberger, der einfach nicht zu finden ist, wenn es nach Arbeit riecht – und das alles unter einem Dach. Bei sechs angenommenen und sieben eigenen Kindern ergibt das ein sehr buntes Bild und erfordert enorme Flexibilität im Umgang mit jedem einzelnen. Das mußten wir erst mal lernen!

Es macht Riesenfreude, einem Kind bei seiner Persönlichkeitsentwicklung erfolgreich beistehen zu können, aber es bereitet Riesenkummer, wenn es trotz aller Mühe nicht gelingt und der Jugendliche nicht nur einen anderen Weg einschlägt, sondern sich zusätzlich mit einer Menge Probleme herumschlägt und sein Leben einfach nicht in den Griff zu bekommen scheint. So ist es leider auch bei einigen unserer angenommenen Kinder …

Umweltbedingte Konditionierung oder Interaktion?

Da brechen Fragen auf: Wieso entwickeln sich manche Kinder glatt und unproblematisch, während andere alle möglichen Formen von Verhaltensschwierigkeiten haben? Wie vollzieht sich überhaupt Persönlichkeitsentwicklung in einer Familie?

Es gibt eine gängige, aber irreführende Vorstellung, die in vielen Elternköpfen herumspukt, und von der auch wir uns befreien mußten: Ein Kind kommt als „unbeschriebenes Blatt“ zur Welt und wird dann durch Eltern und Umwelteinflüsse geformt.

Die Psychoanalyse Freuds und die Lerntheorien des Behaviorismus versuchen Kindesentwicklung auf diese Weise zu erklären. Sie betrachten Entwicklung als Ergebnis „umweltbedingter Konditionierung“.

Erziehung ist jedoch keine „Einbahnstraße“! Es wird übersehen, daß das Kind einen eigenen Willen hat und in seiner Entwicklung eine aktive Rolle spielt – ganz abgesehen von den genetisch bedingten Temperamentsunterschieden, die leicht übersehen werden. Weder Eltern noch Umwelteinflüsse allein legen die Persönlichkeitsstruktur eines Kindes fest. Ein Kind steht ständig in Wechselbeziehung (Interaktion) mit Eltern und Umwelteinflüssen. Dabei spielt das individuelle kindliche Temperament eine entscheidende Rolle: das eine Kind verhält sich im Familienverband kooperativer als das andere.

Kindesentwicklung als „umweltbedingte Konditionierung“ zu beschreiben, verleitet zu einer gefährlichen Schlußfolgerung: nämlich, daß alles, was wäh-

ELTERN
+
UMWELTEINFLÜSSE
PERSÖNLICH-
KEITSENT-
WICKLUNG
LEERGUT
KTA

rend der Persönlichkeitsentwicklung schiefgehen könnte, auf die Eltern zurückzuführen sei. Ob nun kleine Verhaltensauffälligkeiten, Schulschwächen, Lügen oder Stehlen ... Schnell ist man dabei, den Eltern die Schuld zu geben, denn schließlich üben sie doch den größten Einfluß auf ein Kind aus. Viele Eltern quälen sich deshalb ein Leben lang mit unnötigen Schuldgefühlen ab.

Bei dem Versuch, Persönlichkeitsentwicklung zu erklären, haben sich viele führende Erziehungswissenschaftler auf das sogenannte „Interaktionsmodell“[1] geeinigt: Dieser Begriff soll andeuten, daß sich die Persönlichkeit in der Wechselwirkung zwischen Eltern, Kind und Umwelteinflüssen entwickelt.

Auch Sie stellen einen ganz bestimmten Elterntyp dar, geprägt durch Ihre Persönlichkeit, Ihre eigene Familiengeschichte und den Erziehungsstil, den Sie für richtig halten. Genauso hat Ihr Kind einen ganz eigenen Charakter, mit individuellen Temperamentsmerkmalen und einem mehr oder weniger stark ausgeprägten Willen. Außerdem leben Sie als Familie in einem Umfeld, das zusätzlichen Einfluß ausübt. In einer kleinen Wohnung mit kinderfeindlichen Nachbarn ist das Leben weniger beschaulich als auf dem Lande zwischen Hühnern und Schafen.

Diese Sichtweise macht Kinder-Erziehung viel interessanter, aber auch komplizierter. Wie Kinder sich entwickeln, ist schwer vorhersehbar, und auch für Mißerfolge sind nicht so einfach Schuldige zu benennen. Die Theorie „umweltbedingter Konditionierung“ mit der „Gib den Eltern die Schuld“ – Ideologie wird außer Kraft gesetzt, weil Kinder sich aktiv an der eigenen Persönlichkeitsentwicklung beteiligen.

Mir gefällt der Erklärungsversuch des Interaktionsmodells. Ich meine auch, daß es mit dem biblischen Menschenbild übereinstimmt, denn die Bibel betont die Eigenverantwortung und den eigenen Willen jedes einzelnen Menschen.

Diese Sicht entlastet die Eltern spürbar, die dazu neigen, sich alle Schuld für das Fehlverhalten ihres Kindes zu geben. Es müßte Ihnen schon immer klargewesen sein, daß nicht nur Eltern ihr Kind beeinflussen, sondern daß es noch viele ausschlaggebende Miterzieher gibt: Spielkameraden, Lehrer, Zeitschriften, Fernsehen ... Diese können das Leben eines Kindes stärker formen, als es manche streßgeplagte Eltern nach Feierabend vermögen.

Eltern sollten auch aufhören, Kinder miteinander zu vergleichen und unbarmherzige Erziehungstips weiterzugeben. Diejenigen, die das unverdiente Glück haben, ein ruhiges, ausgeglichenes Baby in den Armen zu halten oder eins, das von Geburt an durchschläft, halten sich oft für großartige Pädagogen und schauen stirnrunzelnd auf die hilflosen Erzeuger, die vergeblich versuchen, ihr schreiendes Bündel zu beruhigen.

Einige Kinder machen es ihren Eltern durch ihre Art wirklich schwer, sie zu lieben. Aber auch Eltern sind nicht ohne Fehler ... Nur wenige sind Naturtalente, die meisten müssen erst lernen, richtig auf ihr Kind einzugehen.

Für alle gilt das wichtige Ziel, eine gute Qualität im Zusammenleben zu erreichen!

Dies wird der Leitgedanke dieses Buches sein. Ich möchte Ihnen helfen, zu der besten Qualität zu finden, die im Zusammenleben mit Ihren unterschiedlichen Familienmitgliedern möglich ist.

Wenn eine gute Übereinstimmung zwischen elterlichen Erwartungen, kindlichem Temperament und Umweltbedingungen besteht, kann man von einer guten „Qualität im Zusammenleben“ sprechen.

Es gibt aber auch Eltern, die ständig zu viel von ihrem Kind erwarten und eine Umgangsweise haben, die sich mit dem Temperament ihres Kindes nicht verträgt. Wenn außerdem die Umweltbedingungen ungünstig sind, spricht man von einer schlechten „Qualität im Zusammenleben“.

Ein Beispiel: Wenn genervte Eltern jeden Abend von ihrem hochaktiven Kind erwarten, daß es allein in seinem winzigen Kinderzimmer spielt, damit sie ihre Ruhe haben, und der geräuschempfindliche Nachbar bei jedem Pieps mit dem Besenstiel an die Decke klopft, kann man den Crash schon erwarten.

Wenn Sie sich gute „Qualität im Zusammenleben“ wünschen, sollten Sie sich um folgendes bemühen:

- Ihren eigenen Stil der Elternschaft zu erkennen und neu zu durchdenken,
- das Temperamentsmuster Ihres Kindes klar einordnen zu können,
- um dann zu einem günstigen Zusammenspiel zwischen Ihrem Typ und dem des Kindes zu kommen.

Um diese Punkte geht es in den nächsten Kapiteln. Die Bedeutung von Umwelteinflüssen werde ich nur streifen, da es darüber genügend andere Literatur gibt.

DONG
DONG
SSSSSTT
PENNG
PENG
TOK
TOK

Gibt es den „idealen“ Elterntyp?

So, wie kein Kind dem anderen gleicht, unterscheiden sich auch Eltern in ihrem Temperament, ihrer Weltanschauung, dem, was sie für richtig halten und in ihren Erziehungsidealen, die wiederum von ihrer eigenen Erziehung beeinflußt wurden. Ihre spezielle Art wirkt auf ihre Kinder, und diese reagieren auf den Stil ihrer Eltern. Geraten dann ausgerechnet zwei Hitzköpfe aneinander …

Es liegt auf der Hand, daß ein Zuhause voller Spannungen, weil die Eltern zum Beispiel unsicher oder unbeherrscht sind, weder ihnen noch den Kindern ein angenehmes Umfeld bietet. Wenn Vater und Mutter sehr unterschiedliche Erziehungsstile haben und sich nicht aneinander angleichen können, entstehen zusätzliche Konflikte. Aber auch Kinder, die sehr wild oder unwillig sind, können die besten Absichten von Eltern zunichte machen.

Es gibt die unterschiedlichsten Beschreibungen über elterliche Erziehungsstile. Frühere Forschungen haben zwischen autoritärer und antiautoritärer bzw. permissiver Elternschaft unterschieden. Jüngere Studien[2] arbeiten lieber mit Begriffen wie „Kontrollieren/Lenken“ im Vergleich zu „Unterstützen/Ermutigen“.

„Kontrollieren/Lenken" bedeutet, ein Kind zu einem erwünschten Verhalten zu bringen. „Unterstützen/Ermutigen" beschreibt ein Verhalten, bei dem sich das Kind in der Gegenwart der Eltern wohl fühlt und sich als Persönlichkeit angenommen weiß.

Diese beiden Beziehungsebenen können sich unterschiedlich intensiv auswirken, so daß man zumindest theoretisch vier Stile von Elternschaft unterscheiden kann:

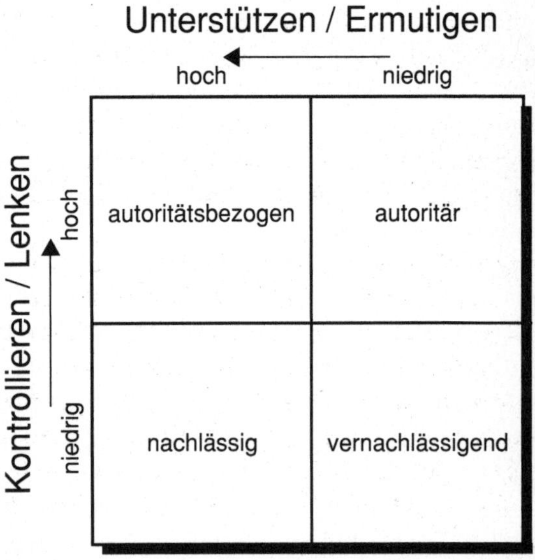

Vernachlässigende Elternschaft

Dieser Stil läßt sich am leichtesten kritisieren, da die Kinder hier offensichtlich zu kurz kommen. Bei wenig

Unterstützung und Kontrolle kann der Zusammenhalt zwischen Eltern und Kindern auch nur schwach sein. Dies trifft auf alle soziale Schichten zu.

Es gibt Familien, in denen beide Elternteile aus wirtschaftlichen Gründen arbeiten müssen und die Kinder zu sehr auf sich selbst angewiesen sind. Alleinerziehende haben oft keine andere Wahl und sind unglücklich, weil sie ihren Kindern nicht die Unterstützung und Anleitung geben können, die sie nötig hätten.

Viele moderne Haushalte spiegeln dieses Bild wider: Neben ihrem Beruf engagieren sich die Eltern stark in kulturellen, politischen oder kirchlichen Aktivitäten. Die Kinder haben ihr „Zuhause“ bei der Tagesmutter, in der Ganztagsschule, vor dem Fernsehen und ihrem „Game Boy“. Man trifft sich nur noch am Kühlschrank oder vor verschlossener Badezimmertür.

Da sind aber auch solche, die diesen Stil aus persönlicher Überzeugung vertreten: Ich will meine Ruhe haben und lasse sie auch meinen Kindern, argumentieren sie. Warum moralische Werte weitergeben oder gar Grenzen setzen? Das Kind soll alles für sich allein herausfinden. Was hier als Freiheit deklariert wird, entpuppt sich schließlich als Vernachlässigung. Die sogenannte „Anti-Pädagogik“ vertritt diesen Erziehungsstil.

Autoritäre Elternschaft

Bei wenig Unterstützung beziehungsweise Ermutigung und viel Kontrolle spricht man von autoritärer Elternschaft.

NA MAMA... AUSNAHMSWEISE MAL FRÜHER VON DER ARBEIT ZU HAUSE ?!?
MEINE GÜTE... IST DER JUNGE GROSS GEWORDEN!!
SAU-SCHLECHT
KETC

Diese Familien haben oft einen starken Zusammenhalt – zumindest solange die Kinder klein sind. Er baut allerdings hauptsächlich auf Kontrolle und Furcht vor Strafe auf. Mit wachsendem Alter nehmen jedoch sowohl die Kontrollmöglichkeiten als auch die Angst vor Strafe ab. Studien ergaben, daß autoritäre Eltern zwar eine kurzzeitige Anpassung erreichen, aber langfristig Rebellion.

Diese Eltern erwarten von ihren Kindern respektvolles und gehorsames Verhalten. Dies ist zwar grundsätzlich zu begrüßen; aber wo Herzlichkeit, Offenheit, Vertrautheit und Wärme fehlen, werden Kinder entweder zu Anpassern oder Rebellen erzogen, die sich vielleicht ihr ganzes Leben lang mit den Verlusten ihrer Kindheit herumschlagen müssen.

Dabei möchte ich zwischen „harten" und „unfähigen" Eltern unterscheiden. „Harte" Eltern spielen ihre Autorität aus Prinzip, Egoismus und Herrschsucht aus. Die sogenannten unfähigen Eltern möchten ihren Kindern eigentlich mit Wärme und Offenheit begegnen, können es aber nicht, weil sie das selbst nie erlebt haben, oder weil sie befürchten, dadurch würde ihre Autorität untergraben.

In einer anderen Variante ist ein Elternteil, vielfach der Vater, die ausführende Autorität, während der andere Elternteil sich zum Ausgleich um so mehr bemüht, die fehlende Geborgenheit zu geben. Auch das ergibt eine unheilvolle Familienatmosphäre.

ALLES IM GRIFF

Nachlässige Elternschaft

Wenn Sie noch einmal auf das Schaubild sehen, lesen Sie heraus, daß es bei „nachlässiger Elternschaft“ wenig Lenkung beziehungsweise Kontrolle gibt, aber viel Ermutigung und Unterstützung.

Dieser Stil beruht auf der Annahme, daß jedes Neugeborene einen „guten Kern“ in sich trägt, und deshalb nur gepflegt und mit Liebe gefördert werden muß, damit es sich zu einer glücklichen Persönlichkeit entwickelt.

Die antiautoritäre Erziehungsbewegung der 60er Jahre hatte sich diesen Idealen verschrieben und übt damit bis heute nachhaltigen Einfluß aus. Allerdings war die antiautoritäre Erziehung keine Erfindung des 20. Jahrhunderts, sie beruht auf der Wiederentdekkung einer Aufklärungsphilosophie.

Rousseau (1712-1778), auch „Vater der modernen Erziehung“ genannt, stellte damals in seinem Erziehungsroman „Emile“ kühne Thesen auf: „Alles ist gut, wie es aus den Händen des Schöpfers der Dinge hervorgeht. Alles entartet unter den Händen des Menschen.“ Oder: „Wenn der Mensch von Natur aus gut ist, wie ich – glaube ich – nachgewiesen habe, dann folgt daraus, daß er so bleibt, solange ihn nichts, das ihm fremd ist, verdirbt.“

Der Glaube an das Gute der menschlichen Natur führt zu der Annahme, daß es ausreicht, dem Kind eine angenehme Umwelt zu bieten, in der es sich möglichst frei von Frustrationen und traumatischen Erfahrungen entfalten kann. Einengungen oder Regeln behindern demzufolge so einen Prozeß.

Von diesen Erziehern wird nicht berücksichtigt,

ABER WIESO SOLL ICH MEINEM SOHN DENN DAS VERBIETEN. ER IST ANTIAUTORITÄR ERZOGEN – UND WEIß SELBER, WAS GUT ODER SCHLECHT FÜR IHN IST...
Rausthal
DONG
WA

daß Kinder selbstsüchtig und beherrschend sein können und elterliche Leitung benötigen, um Werte und rücksichtsvolle Verhaltensweisen zu lernen.

Autoritätsbezogene Elternschaft

Autoritätsbezogene Elternschaft vereinigt Unterstützung und Ermutigung mit Lenkung und Kontrolle. Sie versteht die Vorteile der nachlässigen und der autoritären Erziehung zu kombinieren. Wie zu erwarten, untermauern Studien, daß Kinder aus solchen Familien sich sozial am besten verhalten und ein gesundes Selbstwertgefühl haben.

Diese Eltern bemühen sich, ihren Kindern emotionale Geborgenheit und Wärme zu geben und ihre Fähigkeiten zu fördern. Sie nehmen sich Zeit für Geselligkeit und Diskussionen und gewähren ihnen individuelle Freiheit. Sie setzen aber auch Grenzen und disziplinieren, wenn notwendig.

Elterliche Kontrolle kann allerdings effektive und ineffektive Formen annehmen. Blinden Gehorsam ohne Widerworte zu fordern ist fehl am Platz, ebenso Liebesentzug, um ein bestimmtes Verhalten zu erreichen. Dies sind Formen „aufzwingender" Kontrolle.

Eine „erklärende" Kontrolle scheint die effektivste Form zu sein: Sie begründen, warum Sie etwas erwarten, hören sich auch eventuelle Einwände Ihres Kindes an und appellieren an die Einsicht des Kindes. Wenn Sie es für richtig erachten, setzen Sie sich aber auch trotz des Protestes des Kindes durch.

ALSO, MEIN JUNGE...
ES GIBT SACHEN, DIE SOLLTE MAN EINFACH NICHT MACHEN!
BRILLE
VIELMANN
die BRILLE
Sonderangebo
KLO-BRILLE
pro Paar 128.-

Nachdem ich Ihnen vier mögliche Elternschaftsstile erläutert habe, blättern Sie doch bitte noch einmal zu dem Schaubild auf Seite . Wo müßten Sie ein Kreuz machen, um Ihr jetziges Familienleben zu beschreiben? Erziehungsstile schwanken natürlich, je nach Alter, Situation und Stimmung. Sind Sie gut drauf, sind Sie wahrscheinlich großzügiger. Sind Sie gereizt, neigen Sie zu größerer Strenge. Aber auch Sie haben an diesem Punkt eine Grundstimmung, zu der Sie aufrichtig stehen sollten, nur dann können Sie Ihren Stil ändern und auf das Temperament Ihres Kindes abstimmen.

Claudia und ich haben damals natürlich auch verschiedene Stile mit in unsere junge Familie gebracht. Claudia war auf Grund ihres Hintergrundes die strengere und ich der nachlässigere. In den ersten Jahren unseres Familienlebens hätte sie ihr Kreuz mehr oben rechts einordnen müssen, ich unten links. Glücklicherweise haben wir uns verändert und dürfen unser Kreuz jetzt in den Kasten oben links setzen, obwohl es immer wieder Ausrutscher in alte Gepflogenheiten geben kann. Es hat uns ganz entscheidend geholfen, einen biblisch orientierten Erziehungsstil gründlich zu durchdenken.

Eine biblisch orientierte Elternschaft

Dies waren Ergebnisse säkularer Studien. Wenn Sie Christ sind, fragen Sie sich sicherlich: „Wie läßt sich ein biblisch orientierter Erziehungsstil im Vergleich zu diesen Aussagen einordnen?“

Um es gleich zu sagen: Die „autoritätsbezogene“

Elternschaft kommt der „biblisch-orientierten“ sehr nahe. In unserem Buch „Is’ was, Mama? Kinder-Erziehung von der Vorschule bis zur Vorpubertät“, haben wir bereits ein biblisch-orientiertes Erziehungsmodell ausführlich umrissen[3], so daß ich jetzt nur die wesentlichsten Gedanken nennen möchte.

Biblisch orientierte Elternschaft leitet sich vom Vaterbild Gottes ab. Wir sollen als irdische Väter und Mütter lernen, unseren Kindern so zu begegnen, wie unser himmlischer Vater mit uns, seinen geistlichen Kindern, umgeht.

Zumindest drei markante Wesenszüge charakterisieren die Vaterschaft Gottes:

- seine bedingungslose Liebe (1. Johannes 4,8+9),
- seine Unterweisung (Psalm 32,8)
- und seine Konsequenz (Psalm 32,9).

Wenn Sie die Bibel durchblättern, dann werden Sie immer wieder auf diese drei Wesenszüge Gottes im Umgang mit dem Menschen stoßen. In gleicher Weise, wie Gott uns mit seiner Liebe begegnet, uns seine Unterweisung erteilt, uns aber auch züchtigt, sollen wir unsere Kinder lieben, sie unterweisen und auch disziplinieren, wenn es nötig ist.

Die Darstellung in einem „Familienhaus“ macht die Prioritäten und das Zueinander dieser drei biblischen Prinzipien deutlich.

Vom Vaterbild Gottes abgeleitet betont die Bibel also eine Elternschaft mit einem hohen Maß an Liebe (Ermutigung/Unterstützung), kombiniert mit Konsequenz (Kontrolle/Lenkung), um Kinder zur persönlichen Reife zu führen.

ELTERLICHE BEGLEITUNG
mit
Konsequenz und Disziplin
DAS ZUSAMMENLEBEN
mit Unterweisung
und klaren Regeln
nach Gottes Wort
5. Mose 6, 5-7
Sprüche 22,6
DAS FUNDAMENT
der bedingungslosen Liebe und der
Geborgenheit, der Achtung und
des Respekts vor Gott und
den Familienmitgliedern

Wenn es um das Familienleben und die Persönlichkeitsentwicklung von Kindern geht, bedeutet das nicht nur, über Verhalten und Temperamentsanteile von Kindern zu sprechen, sondern auch über Ihren Stil und Ihr Temperament. Vielleicht hilft es Ihnen zu hören, daß es den „idealen" Elterntyp, der zu jedem Kind paßt, gar nicht gibt. Dazu sind Kinder und Erwachsene viel zu verschieden. Sie müssen also Ihre Art und Ihr Temperament nicht verleugnen, sondern lediglich in gute Bahnen lenken.

Entscheidend ist, daß Sie sich auf den jeweiligen Kindertyp einstellen lernen und Sie zu einem guten Zusammenspiel im Familienalltag kommen. Dabei können Sie sich sehr gut am biblischen Erziehungsstil orientieren. Er sollte zu Ihrem Ideal werden, selbst wenn Sie noch weit davon entfernt sein sollten und Ihre hohen Vorsätze durch Temperamentsausbrüche immer wieder zunichte gemacht werden.

Wo hat es das bloß her?

Ich sitze im Wohnzimmer und lese meine Feierabendzeitung. Marie, unsere Jüngste, spielt nebenan im Eßzimmer und brabbelt vor sich hin. Plötzlich ein Geschrei, als ob ihr das Regal auf den Kopf gefallen oder sonst etwas passiert wäre. Meine Nackenhaare sträuben sich, und schon springe ich entsetzt aus dem Sessel. „Bleib sitzen", meint Claudia cool, „Marie bekommt nur die Duplo-Steine nicht aufeinander ..."

Mein Adrenalinspiegel normalisiert sich, beruhigt sinke ich wieder in die Polster und frage mich kopfschüttelnd: „Wo hat sie das bloß her? Vorgemacht hat ihr das keiner, und von mir kann sie das schon gar nicht geerbt haben, höchstens von ..."

Anlage oder Umwelt?

Was ist denn nun dran an dem ganzen Gerede über den Einfluß der Vererbung und der Umwelt?

Beide spielen eine Rolle – aber Psychologen waren sich noch nie darüber einig, was den größeren Einfluß ausübt. Je nach ideologischem Hintergrund wurde der Vererbung oder dem Milieu das Wort geredet.

Nach Rita Kohnstamm nehmen inzwischen „die meisten Psychologen einen mittleren Standpunkt zwischen den beiden extremen Auffassungen ein. Die

BLEIB SITZEN... MARIE BEKOMMT NUR DIE DUPLOSTEINE NICHT AUFEINANDER...
RRRAH
Bild killt!

Erbanlagen setzen die Grenzen der Lernmöglichkeiten; aber das Milieu entscheidet darüber, ob das Kind diese Grenzen erreicht oder nicht."[4]

Man kann das Verhältnis Anlage – Umwelt auch mit einem einfachen Bild beschreiben: „Die Anlagen sind dem Acker, seiner Bodenbeschaffenheit und Nährhaltigkeit vergleichbar. Auf dem Acker kann recht Verschiedenartiges angebaut werden, es wächst nicht nur eine einzige Frucht. Auf einem besseren Boden wachsen allerdings bessere und mehr Früchte. Die Ernte hängt somit wesentlich von der Qualität des Bodens ab. Zugleich aber spielen auch Umweltbedingungen (Wetter, Pflege des Ackers) eine wichtige Rolle. Letztere Bedingungen entsprechen ungefähr dem Erziehungsklima während der Entwicklung."[5]

Ist die Frage des Zusammenspiels von Anlage und Umwelt geklärt, schließt sich eine andere sofort an: „Wie wird ein Mensch zu dem, was er ist?" Auch darüber wurde sehr viel philosophiert und geschrieben.

„Die Anlage ist ein sehr wichtiges Element der Persönlichkeit. Aber wie sollte es anders sein: auch die Umwelt, in der ein Kind aufwächst, bestimmt seinen Charakter; besonders, wenn man unter Umwelt nicht nur Familie versteht. Haben Menschen in verschiedenen Landstrichen nicht verschiedene Charaktereigenschaften? Sollten diese in einem warmen, sonnigen Land nicht anders aussehen als in einem Land von Sturm und Regen? Sollten sich Charakteranlagen in der gleichen Weise entwickeln, gleichgültig, ob Krieg oder Frieden ist? Das ist kaum anzunehmen.

Auch innerhalb der Theorien der Persönlichkeitsentwicklung gibt es immer mehr Strömungen, die auf den Begriff Interaktion Wert legen: das Zusammentreffen eines Kindes mit einer bestimmten Anlage in einer Umwelt mit einem so und so beschaffenen Einfluß. In diesem Zusammenhang ist das Werk der Amerikaner Thomas und Chess sehr wichtig. Sie gründeten ihre Theorie überwiegend auf eine 20 Jahre dauernde Langzeitstudie. Sie verfolgten die Entwicklung von Kindern bis ins Erwachsenenalter, um auf diese Weise herauszufinden, was als Anlage das ganze Leben lang eine starre, feste Gegebenheit zu sein schien und was dem Einfluß der Umwelt unterlag."[6]

Babys sind von Anfang an unterschiedlich!

Eine ihrer wichtigsten Beobachtungen: Babys sind von Anfang an unterschiedlich! Die Unterschiede zeigen sich in den verschiedenen Temperamentsmerkmalen, die man ebenso als ererbtes „Energieschema" bezeichnen kann.

Chess und Thomas vertreten: „... die Hypothese, daß die Unterschiede im Temperament Neugeborener und sehr junger Kleinkinder biologisch bestimmt sind. Aber durch die Interaktion mit den Eltern wird das Kind beeinflußt, wodurch das ursprüngliche Temperament entweder intensiviert oder verändert werden kann. Während das Kind älter wird, werden einige Temperamentsmerkmale und -muster durch andere Einflüsse betont, umgewandelt oder sogar verändert. Diese Hypothese deckt sich mit der heutigen Auffassung, daß Entwicklung in allen Altersstufen eine Kombination biologischer und umweltbedingter Faktoren ist – aber diese Auffassung muß noch bestätigt und genauer definiert werden. Man hofft, daß einige der Studien, die verschiedene Forschungszentren zur Zeit durchführen, diese nötigen Beweise und Definitionen liefern werden."[7]

Ich meine, Chess und Thomas bestätigen, was Mütter und Väter ohne viel psychologische Vorkenntnisse und mit gesunder Beobachtungsgabe schon immer empfunden haben: Kinder sind unterschiedlich, und das nicht allein durch Umwelteinflüsse, sondern von Anfang an. Manche Mutter hat schon während der Schwangerschaft zu spüren bekommen, daß sich in ihrem Leib ein besonders aktives Kind an seinem Leben freut.

Wenn ich an unsere Familie denke: bei jedem Neugeborenen waren wir gespannt, was für ein Original denn dieses Mal das Licht der Welt erblickt. Jedes Kind bringt unterschiedliche Charakteranlagen mit sich und hat ein Recht darauf, daß seine Eltern sie erkennen und fördern. Die Ausarbeitungen von Chess und Thomas haben uns dabei sehr geholfen, und auch Sie können davon profitieren!

Verschiedene Temperamentsanteile

Bei ihrer Langzeitstudie haben Chess und Thomas neun unterschiedliche Temperamentsanteile beobachtet. Im folgenden werden sie erklärt und mit typischen Alltagsbeispielen für die unterschiedlichen Altersgruppen erläutert:

- Kleinkinder (Geburt bis zwei Jahre alt)
- Vorschulkinder (zwei bis sechs Jahre alt)
- mittlere Kindheit (sechs bis zwölf Jahre alt)

Jede Temperamentsäußerung kann von hoch bis niedrig eingestuft werden.

1. Aktivitätsniveau

Motorische Aktivität und das Verhältnis von aktiven zu passiven Perioden.

Kleinkinder
Hohe Aktivität: „Beim Baden strampelt und planscht sie so stark, daß ich hinterher jedesmal aufwischen muß."
Niedrige Aktivität: „Sie kann sich zwar umdrehen, aber sie tut es nicht oft."

Vorschulkinder
Hohe Aktivität: „Wenn ein Freund aus dem Kindergarten zu Besuch kommt, fängt er sofort an herumzutoben."
Niedrige Aktivität: „Wenn er die Wahl hat, sucht er sich meistens etwas Ruhiges aus, er malt oder sieht sich ein Buch an."

Mittlere Kindheit
Hohe Aktivität: „Wenn sie aus der Schule kommt, geht sie sofort nach draußen und beginnt sehr lebhaft zu spielen."
Niedrige Aktivität: „Es ist typisch, daß sie stundenlang puzzelt und still vor sich hin arbeitet."

2. Tagesrhythmus

Die Vorhersagbarkeit bzw. Unvorhersagbarkeit von biologischen Funktionen wie Hunger, Schlaf-Wach-Zyklus, Stuhlgang.

Kleinkinder
Regelmäßigkeit: „Wenn sie nicht krank ist, hat sie jeden Tag einmal Stuhlgang, und zwar immer sofort nach dem Frühstück."
Unregelmäßigkeit: „Ich habe keine Ahnung, wann ich mit der Sauberkeitserziehung anfangen soll, denn der Stuhlgang könnte zu jeder Tageszeit sein und zwischen ein- bis dreimal täglich."

Vorschulalter
Regelmäßigkeit: „Für sie ist das Mittagessen stets die Hauptmahlzeit."
Unregelmäßigkeit: „Manchmal schläft sie sofort nach dem Abendessen ein, und an anderen Tagen gibt sie vor 21 oder 22 Uhr keine Ruhe. Vorher weiß man das nie."

Mittlere Kindheit
Regelmäßigkeit: „Sie wacht jeden Morgen wie durch eine innere Uhr auf. Ich brauche sie nie zu wecken."
Unregelmäßigkeit: „Manchmal ist mittags ihre Hauptmahlzeit, manchmal abends. Vorher weiß ich das nie."

3. Kontaktverhalten (Annäherung oder Rückzug)

Der Charakter der spontanen Reaktion auf eine neue Situation oder Stimulation – neues Essen, neues Spielzeug, neue Personen oder eine neue Umgebung.

Annäherung ist eine positive Reaktion und kann durch Stimmungsäußerung (lächeln, Sprache, Gesichtsausdruck) oder motorische Aktivität ausgedrückt werden (neues Nahrungsmittel herunterschlucken, nach einem neuen Spielzeug greifen). Rückzugsreaktionen sind negativ und können durch Stimmungsäußerungen (weinen, meckern, Gesichtsausdruck) oder motorische Aktivität (weggehen, neue Nahrung ausspucken, neues Spielzeug wegstoßen) ausgedrückt werden.

Kleinkinder
Annäherung: „Sie lächelt Fremde immer an."
Rückzug: „Wenn ich ihr etwas Unbekanntes zu essen gebe, spuckt sie es beim ersten Mal fast immer aus."

Vorschulalter
Annäherung: „Gestern waren wir in einem neuen Spielkreis, und sie mischte sich gleich unter die Kinder."
Rückzug: „Seit zwei Wochen geht sie in den Kindergarten. Zuerst wollte sie sich nicht in die Gruppe integrieren und stand nur am Rand. Erst nach einer Woche fing sie an, mitzumachen."

Mittlere Kindheit
Annäherung: „Als sie am ersten Tag aus der neuen Schule kam, redete sie so, als ob alle anderen Schüler schon ihre Freunde wären."
Rückzug: „Die Klasse hat jetzt mit Bruchrechnen angefangen. Wie üblich, ist sie sicher, daß sie es nie lernen wird. Ich erinnerte sie daran, daß sie das bei einem neuen Thema immer sagt, aber dann gut damit fertig wird."

4. Anpassungsfähigkeit

Langzeitreaktionen auf neue oder veränderte Situationen. Hier geht es nicht um die erste Reaktion, sondern um die Leichtigkeit, mit der die Kinder in die gewünschte Richtung gelenkt werden können.

Kleinkinder
Hohe Anpassungsfähigkeit: „Als ich ihr dieses Müsli das erste Mal gab, spuckte sie es aus, aber nach nur zwei bis drei weiteren Versuchen aß sie es mit Genuß."
Niedrige Anpassungsfähigkeit: „Jedes Mal, wenn ich ihr den Schneeanzug anziehe, wehrt sie sich dagegen und schreit, bis wir draußen sind. Das geht jetzt schon den ganzen Winter so."

Vorschulalter
Hohe Anpassungsfähigkeit: „Letzten Monat sind wir in eine neue Wohnung gezogen, und sie hat sich schon in der ersten Nacht an ihr Zimmer und ihr Bett gewöhnt."
Niedrige Anpassungsfähigkeit: „Zuerst mochte sie den Kindergarten überhaupt nicht. Sie brauchte den ganzen Herbst, bis sie mit ihm zufrieden war."

Mittlere Kindheit
Hohe Anpassungsfähigkeit: „Diesen Sommer ging sie in eine neue Kindergruppe. Obwohl es dort ganz anders war und sie sich zuerst sehr unwohl fühlte, brauchte sie nur kurze Zeit, um sich zu integrieren und wohl zu fühlen."
Niedrige Anpassungsfähigkeit: „Vor drei Monaten sind wir in einen anderen Stadtteil gezogen, und sie fängt erst jetzt an, Freundschaften zu schließen."

5. Empfindungsschwelle

Die Intensität von Stimulation, die nötig ist, um eine erkennbare Reaktion hervorzurufen, unabhängig davon, wie diese Reaktion aussieht.

Kleinkinder
Geringe Schwelle: „Auch wenn die Tür ganz leise zugeht, sieht sie sich sofort um."
Hohe Schwelle: „Sogar, wenn sie sich den Kopf stößt und eine Beule bekommt, verhält sie sich so, als sei nichts geschehen."

Vorschulalter
Geringe Schwelle: „Sie beschwert sich über jede Unterhose, bei der das Gummi auch nur ein bißchen zu eng ist."
Hohe Schwelle: „Ob ihre Kleidung weich oder kratzig ist, macht ihr überhaupt nichts aus. Sie fühlt sich darin immer wohl."

Mittlere Kindheit
Geringe Schwelle: „Sie ist immer die erste, die einen neuen Geruch oder eine Temperaturänderung im Raum wahrnimmt."
Hohe Schwelle: „Als sie vom Fußball nach Hause kam, hatte sie eine Blase am Hacken, aber das hatte sie noch gar nicht bemerkt, und sie hat auch nicht darüber gejammert."

6. Stimmungsqualität

Der Anteil und der Ausdruck angenehmen, fröhlichen und freundlichen Verhaltens im Gegensatz zum Anteil und Ausdruck unangenehmen Schreiens und unfreundlichen Verhaltens.

Kleinkinder
Positive Stimmung: „Wenn sie sieht, daß ich ihre Saftflasche herausnehme, lächelt sie mich an und gluckst."
Negative Stimmung: „Wenn ich sie abends ins Bett bringe und hinausgehe, schimpft sie immer noch fünf bis zehn Minuten."

Vorschule
Positive Stimmung: „Sie rannte mit ihren neuen Schuhen hinaus, murmelte fröhlich vor sich hin und zeigte sie jedem, den sie traf."
Negative Stimmung: „Es ist typisch, daß sie vom Kindergarten kommt und unzählige Beschwerden über die anderen Kinder hat."

Mittlere Kindheit
Positive Stimmung: „Sie lehnt sich nie gegen ihre Pflichten zu Hause auf und tut alles, was man ihr sagt, mit einem Lächeln."
Negative Stimmung: „Die Schule hat erst vor einer Woche angefangen, aber sie hat schon über jeden Lehrer eine Beschwerdeliste."

7. Reaktionsintensität

Der Energieeinsatz bei einer positiven oder negativen Reaktion:

Kleinkinder
Geringe Intensität: „Wenn sie ärgerlich ist, macht sie zwar etwas Theater, aber sie schreit nicht laut."
Hohe Intensität: „Wenn sie Musik hört, sprudelt sie vor Lachen einfach über."

Vorschulalter
Geringe Intensität: „Wenn sie ein neues Spielzeug mag, lächelt sie."
Hohe Intensität: „Wenn sie mit einem Puzzle Schwierigkeiten hat, schreit sie sofort und wirft die Teile umher."

Mittlere Kindheit
Geringe Intensität: „Ich weiß, daß sie sehr aufgebracht über ihre schlechte Klassenarbeit war, aber nach außen wirkte sie nur etwas bedrückt."
Hohe Intensität: „Sie machte einen Riesenaufstand, weil es im Restaurant nicht das Essen gab, das sie gerne wollte."

8. Ablenkbarkeit

Der Erfolg, ein Kind durch einen Reiz bei einer Beschäftigung zu unterbrechen oder seine Aufmerksamkeit in eine andere Richtung zu lenken.

Kleinkinder
Geringe Ablenkbarkeit: „Wenn sie Hunger hat und das Essen noch nicht fertig ist, ist es einfach unmöglich, sie durch Spielen abzulenken. Sie schreit so lange, bis sie gefüttert wird."
Hohe Ablenkbarkeit: „Wenn jemand vorbeigeht, während sie gestillt wird, guckt sie nicht nur hin, sondern hört auch auf zu saugen."

Vorschulalter
Geringe Ablenkbarkeit: „Wenn sie sich entschieden hat, nach draußen spielen zu gehen, und es fängt an zu regnen, macht sie Theater und akzeptiert keinen anderen Vorschlag."
Hohe Ablenkbarkeit: „Sie ist kein Nörgler. Wenn es die bestimmte Kekssorte, die sie haben möchte, im Supermarkt nicht gibt, fragt sie noch ein- bis zweimal, akzeptiert dann aber etwas anderes."

Mittlere Kindheit
Geringe Ablenkbarkeit: „Wenn sie erst mal angefangen hat, in einem Buch zu lesen, bekommen wir sie nicht davon weg, bevor sie das Kapitel fertig hat."
Hohe Ablenkbarkeit: „Für ihre Hausaufgaben braucht sie sehr lange, weil sie sich immer wieder ablenken läßt und sich mit anderen Dingen beschäftigt."

9. Ausdauer und Aufmerksamkeitsspanne

Diese beiden Kategorien hängen meistens zusammen. Ausdauer bezieht sich darauf, wie lange eine Aktivität trotz Schwierigkeiten und Hindernissen fortgeführt wird. Aufmerksamkeitsspanne beschreibt, wie lange eine spezielle Tätigkeit ohne Unterbrechung aufrechterhalten wird.

Kleinkinder

Niedrige Ausdauer: „Wenn sich eine Perle nicht sofort auffädeln läßt, gibt sie gleich auf."

Kurze Aufmerksamkeitsspanne: „Obwohl sie ihren Teddy liebt, spielt sie jedesmal nur ein paar Minuten mit ihm."

Hohe Ausdauer: „Sie spielt ständig an Steckdosen herum, und wenn ich sie davon wegziehe, versucht sie sofort, wieder hinzulaufen."

Hohe Aufmerksamkeitsspanne: „Wenn ich ihr eine alte Illustrierte gebe, macht sie mindestens eine halbe Stunde lang Schnipsel daraus."

Vorschulalter

Niedrige Ausdauer: „Sie wollte lernen, wie man einen Hund an der Leine führt. Aber nach dem ersten Versuch verlor sie das Interesse."

Kurze Aufmerksamkeitsspanne: „Sie spielt gerne mit neuem Spielzeug, konzentriert sich aber nur einige Minuten darauf."

Hohe Ausdauer: „Wenn sie einen Bollerwagen herumzieht und damit irgendwo steckenbleibt, unternimmt sie alles mögliche, bis er wieder fährt. Sie gibt nicht auf."

Hohe Aufmerksamkeitsspanne: „Sie kann eine Stunde lang völlig vertieft im Sandkasten spielen."

Niedrige Ausdauer: „Sie versuchte, Schlittschuhlaufen zu lernen, aber als sie hinfiel, gab sie auf."
Kurze Aufmerksamkeitsspanne: „Sie liest gerne, aber jedesmal nur eine halbe Stunde."
Hohe Ausdauer: „Wenn sie eine schwierige Rechenaufgabe aufhat, arbeitet sie zielstrebig daran und besteht darauf, sie ohne Hilfe zu lösen."
Lange Aufmerksamkeitsspanne: „Wenn sie in einem Theaterstück mitspielt, kann sie stundenlang dafür proben."[8]

Drei häufige Temperamentstypen

In der Auswertung ihrer Langzeitstudie weisen die Autoren besonders auf drei häufig auftretende Kombinationen von Temperamentsanteilen hin: das „einfache Kind", das „schwierig zu handhabende Kind" und das *„langsam zu erwärmende Kind"*[9].

„Für das temperamentsmäßig einfache Kind sind regelmäßige biologische Funktionen, positive Annäherung an die meisten neuen Situationen und Menschen, leichte Anpassung an Veränderungen und eine sanfte oder mäßig intensive, aber vorwiegend positive Stimmung charakteristisch. Diese Kinder entwickeln schnell regelmäßige Schlaf- und Eßgewohnheiten, gewöhnen sich leicht an unbekannte Nahrungsmittel, lächeln Fremde an, passen sich in einer neuen Schule schnell an, nehmen kleinere Frustrationen mit wenig Gequengel hin und akzeptieren die Regeln neuer Spiele ohne Schwierigkeiten."[10]

Die Eltern, die ein oder mehrere dieser Exemplare

in ihrer Familie haben, dürfen sich glücklich schätzen. Das sind so richtige Vorzeigekinder – der Stolz der Eltern! Meistens wissen diese Eltern nicht, daß sie ihr Glück nur der Vererbung verdanken und nicht ihren hervorragenden pädagogischen Leistungen. Sonst würden sie nämlich nicht so hart über andere Eltern urteilen.

„Am entgegengesetzten Ende des Temperamentspektrums ist das *‚schwierig zu handhabende Kind'*, für das unregelmäßige biologische Funktionen, negative Rückzugsreaktionen in den meisten neuen Situationen und gegenüber Menschen, langsame Anpassung an Veränderungen und intensive, häufig negative Stimmungsäußerungen charakteristisch sind. Typisch für diese Kinder sind unregelmäßige Schlaf- und Eßzeiten. Sie akzeptieren viele oder die meisten neuen Nahrungsmittel nur langsam, neue Tagesabläufe verlangen längere Eingewöhnungszeiten. Schreiperioden kommen recht häufig vor und sind genauso laut wie ihr Lachen. Frustration ruft typischerweise einen gewaltigen Wutausbruch hervor."[11]

Eltern und Erzieher stöhnen zu Recht beim Umgang mit diesen Kindern. Mit ihnen zurechtzukommen ist halt schwerer. Manche Eltern gewöhnen sich relativ leicht an solch ein Kind, während andere ständig klagen, oft nur, weil ein „einfaches Kind" bequemer wäre.

Diese Eltern brauchen auf jeden Fall hilfreiche Tips, wie sie besser auf ihr Kind eingehen können. „Wenn diesen schwierigen Kindern genügend Zeit gewidmet und geduldig mit ihnen umgegangen wird, passen sie sich gut an, besonders wenn die Personen und Aufenthaltsorte in ihrer Welt konstant bleiben."

Außerdem müssen diese Eltern getröstet werden,

KLA

denn sie sind für dieses anstrengende Temperamentsmuster schließlich nicht verantwortlich, auch wenn sie durch ihr Verhalten die schwierigen Reaktionen abschwächen oder verstärken können.

„Das dritte nennenswerte Temperamentsmuster ist das *‚langsam zu erwärmende Kind'*. Diese Kinder reagieren negativ auf neue Situationen und Menschen, sie gewöhnen sich nur langsam ein. Im Gegensatz zu Kindern mit schwierigem Temperament haben diese Kleinen jedoch eher milde als intensive Reaktionen und neigen nicht so stark zu unregelmäßigen Schlaf- und Eßzeiten. Wenn sie frustriert oder aufgebracht sind, versuchen sie sehr wahrscheinlich, sich leise oder mit wenig Gequengel aus der Situation zurückzuziehen, anstatt einen heftigen Wutausbruch zu bekommen, wie das Kind mit schwierigem Temperament. Langsam zu erwärmende Kinder können auch als schüchtern bezeichnet werden, solange man damit nicht Ängstlichkeit oder Feigheit meint."[12]

Ähnlich wie bei dem „schwierig zu handhabenden Kind" brauchen Eltern bei einem „langsam zu erwärmenden" einige besondere Ratschläge, um es zu ermutigen und zu lenken.

Bei einem Seminar hat Claudia einmal die anwesenden Mütter schätzen lassen, wie hoch der prozentuale Anteil der drei Temperamentstypen ist. Fast alle Mütter meinten, ausgerechnet sie hätten schwierig zu handhabende Kinder; dementsprechend schätzten sie den Anteil in dieser Gruppe auf über 50 Prozent und den der einfachen Kinder auf rund 10 Prozent.

Claudia mußte lachen und konnte sich des Eindrucks nicht erwehren, daß die Mütter entweder Probleme sahen, wo es eigentlich keine gab, oder durch

ihre Art aus einfachen Kindern schwierige gemacht hatten. Die Langzeitstudie nennt jedenfalls ganz andere Zahlen: Ungefähr 40 Prozent der Teilnehmer gehörten der Gruppe der temperamentsmäßig einfachen Kinder an, nur etwa 10 Prozent waren „schwierig zu handhaben", und 15 Prozent gehörten zur Gruppe der „langsam zu erwärmenden Kinder".

Jetzt sagen Sie vielleicht: „Halt! Das sind doch nur 65 Prozent. Was ist mit dem Rest?"

Gerade das finde ich so gut an der Untersuchung: Die Psychologen versuchten nicht, krampfhaft alle Kinder irgendwie in ein Muster zu pressen. Nur gut zwei Drittel der untersuchten Kinder passen in eine dieser drei Gruppen. Manche Kinder haben andere Merkmalkombinationen. Selbst bei den Kindern, die sich zuordnen lassen, gibt es eine große Bandbreite: einige sind in praktisch allen Situationen einfach, andere nur in ganz bestimmten. Manche sind in allen neuen Situationen extrem schwierig, andere nur in wenigen usw.

*

Ich möchte Sie jetzt schon einmal den Versuch wagen lassen, die Temperamentsanteile Ihres Kindes zu benennen. Vermutlich werden Sie sich Ihr Ergebnis am Ende des Buches, wenn Sie mehr darüber wissen, wieder vornehmen und es korrigieren.

Lesen Sie sich die Beschreibungen zu den einzelnen Temperamentsmerkmalen noch einmal durch, vergleichen Sie die Beispiele mit Ihrem Kind, und kreuzen Sie in der zutreffenden Spalte jeweils drei Möglichkeiten an.

Temperamentsanteil	Name des Kindes __________	Name des Kindes __________	Name des Kindes __________
1. *Aktivitätsniveau*			
hoch			
nicht auffällig			
niedrig			
2. *Tagesrhythmus*			
regelmäßig			
nicht auffällig			
unregelmäßig			
3. *Kontaktverhalten*			
mehr Annäherung			
nicht auffällig			
mehr Rückzug			
4. *Anpassungsfähigkeit*			
hoch			
nicht auffällig			
gering			
5. *Empfindungsschwelle*			
niedrig			
nicht auffällig			
hoch			
6. *Stimmungsqualität*			
mehr positiv			
nicht auffällig			
mehr negativ			
7. *Reaktionsintensität*			
gering			
nicht auffällig			
hoch			
8. *Ablenkbarkeit*			
gering			
nicht auffällig			
hoch			
9. *Ausdauer und Aufmerksamkeitsspanne*			
niedrig			
nicht auffällig			
hoch			

Eigenarten besser verstehen

Damit es Ihnen leichter fällt, auf die Temperamentsanteile Ihres Kindes einzugehen und es entsprechend zu fördern, möchte ich Ihnen erläutern, wie wir gelernt haben, uns auf einige unserer Kinder besser einzustellen.

Die Typeneinteilung nach extrovertierten und introvertierten Menschen oder die Gliederung nach Hippokrates (Sanguiniker, Phlegmatiker, Choleriker und Melancholiker) sind uns schon lange vertraut. Es ist uns nur schwergefallen, sie auf Kinder zu beziehen. Als wir uns vor einigen Jahren jedoch mit dem Material von Chess und Thomas befaßten, wurde uns einiges deutlicher. Es war für uns sehr befreiend, von empirischen Beobachtungen bestätigt zu bekommen, daß Temperamentsmuster zwar genetisch vorgegeben sind, dann allerdings durch Interaktion verstärkt oder abgeschwächt werden können.

Wir beobachteten alle unsere Kinder anhand der neun Temperamentskriterien und entdeckten in unserer Schar prompt alle drei Temperamentstypen: das einfache Kind, einige sogenannte schwierig zu handhabende Kinder und natürlich auch das langsam zu erwärmende Kind.

Sofort gingen uns auch einige typische Fehler auf:

Von einem offensichtlich langsam zu erwärmenden Kind hatten wir einfach zuviel erwartet und es dadurch nicht gerade ermutigt. Ein anderes hielt sich oft nicht an unsere Anweisungen. „Ja, Papa, das mach' ich doch gerne", sagte das Mädchen, und dann „vergaß" sie es doch. Wir neigten dazu, das als Ungehorsam einzuordnen, mußten uns allerdings korrigieren und anerkennen, daß das Mädchen eine sehr geringe Aufmerksamkeitsspanne hat.

Ihnen wird es vermutlich ähnlich gehen, wenn Sie jetzt von unseren Erkenntnissen und Lernschritten lesen. Einiges werden Sie auf Ihre Familie übertragen können und dadurch auch zu einem besseren „Zusammenspiel" kommen.

Das einfache Kind

Für ein Kind mit ausgeglichenem Niveau in den verschiedenen Temperamentszügen brauchen Sie normalerweise keine besondere Erziehungsstrategie. Unsere Tirza ist so eine. Ihr Aktivitätsniveau ist wunderbar ausgeglichen. Was Schlafen und Eßgewohnheiten betrifft, war ihr biologischer Rhythmus schon frühzeitig wohltuend auf Erwachsenenbedürfnisse ausgerichtet. Wenn ich allein an die Sauberkeitserziehung im Alter von knapp zweieinhalb Jahren zurückdenke! Es war im Sommerurlaub. Wir ließen sie einfach mit nacktem Po herumlaufen. Sobald sie eine verdächtige Stellung einnahm, setzten wir sie aufs Töpfchen und lobten sie überschwenglich, wenn ihr „Geschäft" darin zu finden war. Am Ende des Urlaubs war sie „stubenrein". Na ja, wenn das mit allen so gelaufen wäre, gäben wir bestimmt unbarmherzige Erziehungsberater ab.

Alle unsere Kinder müssen sich daran gewöhnen, viel mit uns zu reisen – nicht nur in den Urlaub, sondern auch zu Seminaren. Im Vergleich zu den anderen verblüffte mich Tirzas Anpassungsfähigkeit geradezu. Kamen wir in ein neues Freizeithaus und zeigten ihr unser Zimmer, den Eßsaal und den Seminarraum, fand sie sich bereits mit drei Jahren in dem Gängegewirr zurecht. In der Kindergruppe bereitete sie „selbstverständlich" keine Probleme. Ich brauche nicht zu erwähnen, daß sie neuen Menschen gegenüber zwar zurückhaltend ist, jedoch eine überwiegend positive Stimmungsqualität, eine geringe Ablenkbarkeit und ein hohes Durchhaltevermögen hat.

Nun werden Sie nicht gleich neidisch! Bei so vielen Kindern sollte uns ruhig einmal ein „pflegeleichtes" Exemplar gegönnt sein.

Aber wenn man nicht aufpaßt, kann so ein Musterkind schließlich doch Probleme bereiten. Nämlich, wenn es als „Vorzeige-Kind" mißbraucht wird und den anderen Geschwistern anhand dieses „Vorbildes" ständig ihre Schwächen unter die Nase gerieben werden. Das „pflegeleichte" wird eingebildet, und die Geschwister werden zu Rivalen.

Es kann aber auch anders aussehen: Vor lauter Sorgen um andere, aufmüpfigere Geschwister und vor lauter Kämpfen mit ihnen gerät das „brave" ganz in Vergessenheit. Es bereitet ja schließlich keine Probleme und bekommt dadurch vielleicht zu wenig Aufmerksamkeit. Das ist eine Gefahr, die auch uns treffen könnte. Als wir Tirza und ihre jüngere Schwester einmal eine Woche allein hatten, weil alle anderen

DAS MUSTERKIND
KLA

Geschwister auf Freizeiten waren, entdeckte ich, daß sie gar keine „Stille“ ist, sondern ein richtiges Plappermäulchen. Das war mir vorher gar nicht so aufgefallen. Von da an habe ich aufgepaßt, daß die Kleine mich öfters mal ganz für sich haben kann.

Ich denke an den Kummer einer meiner Freunde: Seine Tochter wuchs inmitten wilder Jungs brav und unscheinbar heran – und dann als Teenager „flippte sie aus“. Seinen entsetzten Ausspruch habe ich nicht vergessen: „Aber sie war doch immer so brav ...“

Vorsicht bei den „Braven“ und „Unscheinbaren“! Geben Sie auch ihnen stets die gebührende Aufmerksamkeit, damit sie diese nicht eines Tages mit Gewalt auf sich ziehen.

Das schwierig zu handhabende Kind

Eltern mit einem oder mehreren temperamentlich schwerer zu handhabenden Kindern brauchen zunächst einmal Ermutigung und die Entlastung, daß es nicht allein ihre Schuld ist, wenn es manchmal „munter“ zugeht – und dann brauchen sie Tips für spezielle Situationen. Wer sich mit einem „schwierig zu handhabenden Kind“ gut arrangieren kann, gehört zu den wahren Pädagogen!

Aktivitätsniveau: „Zappel nicht immer herum!“

Fast alle diese Kinder zeichnen sich durch eine hohe Aktivität aus, die allerdings noch im normalen Rahmen liegt und deshalb nicht mit Hyperaktivität verwechselt werden darf.

Schon beim Wickeln müssen Sie sehr wachsam sein. Eine schwungvolle Drehung zur Seite, und schon droht das Energiebündel von der Wickelkommode zu stürzen. Unsere Marie habe ich kurzerhand über ihr kniend auf dem Teppichboden gewickelt. Sollte ich ihr für ihre Zappeligkeit welche auf den saftigen Oberschenkel geben, wie es manche Eltern tun, damit ihr Kind ruhiger wird? Auf keinen Fall!

Maries Schlafstil ist absoluter Wahnsinn! Jedes Kinderbettchen war ihr zu klein. Nachts hörten wir es krachen und sie aufschreien. Als wir sie in einem superbreiten Hotelbett einmal zwischen uns legten, weil das Babybettchen ein Winzling war, erlebte ich das Ausmaß ihrer nächtlichen Aktivität. Im Tiefschlaf spannte sie die Beine wie zum Weitsprung und schnellte nach hinten weg – mitten auf meinen Brustkorb. Mir blieb die Luft weg. Und so ging es die halbe Nacht.

Was meinen Sie, was für ein Bett sie jetzt hat? Als sie genau ein Jahr alt war, zog sie in das untere Etagenbett ihrer größeren Schwester. Die Seiten und Enden sind jetzt mit Schaumstoffstreifen wunderbar abgepolstert. Nachts höre ich manchmal ein dumpfes Poltern, morgens finde ich sie dann in irgendeiner Bettecke wieder.

Lange Autofahrten mit sehr aktiven Kindern können zur Qual werden. Bisher haben wir immer versucht, Maries Schlafenszeiten zu integrieren. Statt nachmittags nach ihrem Mittagsschlaf zu starten, fahren wir lieber gleich nach dem Essen und haben dann, während sie schläft, wenigstens zwei Stunden Ruhe, ehe das Getobe wieder losgeht. Und dann muß – oh, wie anstrengend – für Beschäftigung gesorgt und regelmäßig Pause gemacht werden. Sie müßten unsere Kleine mal sehen, wenn wir auf dem Parkplatz halten: Wie eine Rakete jagt sie jauchzend den Fußweg entlang, da sieht man ihr so richtig an, daß sie sich ihre Energie abstrampeln muß.

Im letzten Urlaub waren wir eine dreiviertel Stunde auf eine kleine Fähre gepfercht, die zu einer Insel tukkerte. Was interessieren eine Zweijährige Wind und Wellen? Geschlagene fünfundvierzig Minuten sprang sie ununterbrochen von der siebten Treppenstufe in meine Arme, strampelte sich frei, kletterte die sieben Treppenstufen hoch, sprang in meine Arme, strampelte sich frei, kletterte die siebenTreppenstufen hoch ... Für meine Ausdauer erntete ich viele bewundernde Blicke; aber wenn ich mich nicht täusche, auch einige mißbilligende, weil ich den kleinen Racker einfach nicht zur Ruhe zwang. Aus Erfahrung wußte ich jedoch eins: Genau das wäre für dieses Temperamentsmuster eine Kriegserklärung! Letztlich habe ich so weniger Energie verbraucht, als wenn ich ein schreiendes, zappeliges Kind mit Gewalt fünfundvierzig Minuten lang in eine „Zwangsjacke" gesteckt hätte.

Gottesdienste werden mit solchen Kindern eine Tortur. Kennen Sie auch die mißbilligenden Blicke der Eltern, deren „Wunderkinder" tatsächlich die ganze Zeit ruhig und schmusig auf dem Schoß hocken? Da könnte man an sich selbst zweifeln, wenn man nicht um die wahren Ursachen wüßte ... Nehmen Sie ein paar Spielsachen mit, die nicht klappern, und wenn es zu schlimm wird, nichts wie an die frische Luft!

Bei schlechtem Wetter oder einem trüben Winter können Kinder mit hohem Aktivitätsniveau unausstehlich werden. Gewähren Sie ihnen bloß die nötige

Bewegung! „Wir haben bei unserer Schar zwischen ‚Draußen-' und ‚Drinnen-Kindern' unterscheiden gelernt. Manche fühlen sich draußen am wohlsten: toben, sich sportlich betätigen, mit dem Fahrrad herumstreifen, sich eindrecken, basteln, reparieren ... Das ist ihre Welt! Wehe, es regnet, und sie können nicht nach draußen! Ihnen haben wir im Haus eine Tobe-Ecke eingerichtet mit einer Matratze zum Purzelbaum-Schlagen, Schaumstoffwürfeln zum Runterspringen und einer Schaukel zum Träumen von fernen Ländern und Abenteuern: Eine wohlsortierte Spielecke kann sie nicht begeistern. Was sie brauchen, ist eine Bastelecke mit Hammer, Nägeln, Tuschkasten, Holzresten und Haushaltsabfällen, um sich kreativ auszutoben."[10]

Ich möchte Ihnen nahelegen, sich auf ein energiegeladenes Kind entsprechend einzustellen. Es gibt halt Kinder, die genetisch bedingt aktiver sind als andere. Diesen Antrieb ständig zu unterdrücken macht alle Beteiligten schließlich nur unglücklich. Wappnen Sie sich mit Geduld und starken Nerven! Haben Sie sich nämlich einmal bewußt darauf eingestellt und die richtigen Maßnahmen in Ihrer „Trickkiste", können Sie mit diesem Temperament leichter umgehen.

Es kann Sie aber auch ganz anders treffen: vielleicht haben Sie ein extrem langsames Kind. Beim Säugling fällt das nicht besonders auf, seine Ruhe wird sogar als angenehm empfunden.

Eine meiner Mitarbeiterinnen kam mit ihrem etwa sechs Monate alten Säugling auf dem Arm zur Rezeption und wollte mir den Empfang der Seminarteilnehmer abnehmen. Ich schaute sie groß an, denn nach meinen jüngsten Erfahrungen stellte ich mir das mit

GOTT SEI DANK IST MEIN KIND nicht so WIE DIESES DORT!!!
TRÖÖÖT
RAPPEL
QUITSCH

einem Baby äußerst schwierig vor. „Das ist doch kein Problem“, meinte sie sicher. Und tatsächlich, da lag doch der kleine Kerl fast eine geschlagene Stunde ruhig auf dem Tisch und lächelte jeden Neuankömmling gönnerhaft an. Da habe ich gestaunt! Diese Mutter wird sich eventuell wundern, wenn das nächste kommt ... Aber da sie dieses Buch bestimmt lesen wird, wird sie es schon verstehen, sich auf das nächste einzustellen.

Bleibt ein Kind so ruhig, können seine langsamen Bewegungen fälschlicherweise als Entwicklungsverzögerung gedeutet werden, als unterdurchschnittliche Intelligenz oder als Unwilligkeit, auf die Eltern zu hören.

Außerdem kann es eine Familie ganz schön irritieren: Alle sind fertig zum Spazierengehen, und „er“ kommt schon wieder nicht in die Gänge ...

Solch ein Kind darf nicht falsch eingeschätzt oder gar bestraft werden. Wenn Eltern seine Langsamkeit richtig einordnen, kann sich die gesamte Familienatmosphäre entspannen, denn sonst treiben nicht nur die Eltern das Kind ständig an, Geschwister können es auch ganz schön hänseln.

Ein Kind mit geringem Aktivitätsniveau kann geschult werden, Situationen vorauszuplanen und seine Langsamkeit damit auszugleichen. Kleidung und Schulsachen können schon am Abend zuvor zurechtgelegt werden. Es kann auch eher als die anderen anfangen, aufzuräumen oder sich für den Spaziergang fertigzumachen. Vor allem darf es nicht mehr unnötig unter Druck gesetzt und gehänselt werden. Damit wir uns nicht falsch verstehen: Es geht nicht darum, zu resignieren und das Kind so zu lassen. Nein, sondern darum, es zunächst einmal zu akzeptieren, wie es ist und dann das Beste aus seinem Typ zu machen.

Es kann lernen, mit seiner Langsamkeit zu leben und zu akzeptieren, daß es beispielsweise für Hausaufgaben zwar länger braucht, aber deswegen nicht dumm ist. Es ist sogar ratsam, ihm humorvolle Sprüche beizubringen, mit denen es sich behaupten kann: „Laßt man, auch eine Schnecke kommt zum Ziel!“

Tagesrhythmus: „Wann schläfst du endlich durch?“

Alle unerfahrenen, jungen Eltern schauen neidisch auf ein Baby, das nach drei Wochen schon durchschläft, zielstrebig Brust oder Flasche leernuckelt, sich ohne Protest auf Brei umstellen läßt und dessen volle Windel beinahe vorherzusagen ist.

Diese Prachtexemplare gibt es – aber leider zu selten. Ich wünschte allen Eltern so eins als erstes Kind, damit sie nicht den Mut für weitere Kinder verlieren. Denn das kann einem wirklich passieren, wenn das erste Baby ein Kandidat mit unregelmäßigem biologischem Rhythmus ist.

Aber es ist durchaus normal, in den ersten Monaten zwei- bis fünfmal nachts aufzustehen und das Baby kurz anzulegen. Manche Babys machen erst nach Monaten einen Unterschied zwischen Tag und Nacht, sie scheinen zunächst keinen Rhythmus zu finden.

Ähnlich schwierig kann dann die Sauberkeitserziehung werden. Ganz abgesehen davon, daß erst eine bestimmte körperliche und seelische Reife vorliegen muß, bevor das Kind die Schließmuskeln bewußt betätigen kann, wird sich ein sehr aktives mit unregelmäßigem Rhythmus schwerer tun. Nur nicht aufregen, sondern gelassen bleiben! Eins unserer Kinder war ein richtiger „Töpfchen–Sitzer". Sie fand es schön, auf dem Töpfchen zu hocken, dabei in einem Bilderbuch zu blättern und geduldig zu warten, bis der Berg im Töpfchen dampfte. Später fanden wir heraus, daß sie zu den „langsam zu erwärmenden" Vertretern gehört.

Nicht so unsere schon zitierte Marie: Noch nicht einmal fünf Sekunden blieb sie beim ersten Versuch sitzen. Vielmehr hielt sie das Töpfchen für einen Hut und stolzierte mit dem Ding auf dem Kopf durch die Tür, sobald sich Claudia auch nur einen Moment umdrehte. Diese Vorstellung reichte, um das Thema „Töpfchen" um ein Vierteljahr zu verschieben.

Natürlich muß auch solch ein Kind sauber werden, Schlafgewohnheiten entwickeln und sich an regelmäßige Essenszeiten gewöhnen. Es wird allerdings nicht so glatt laufen wie bei einem anderen Kind. Diese Dinge sind es nicht wert, zu einem täglichen Kleinkrieg zu werden. Sie müssen Ihre Erwartungen zurückschrauben und einige Monate später mit dem Einüben beginnen, auch wenn andere Kinder schon ein Stück „weiter" sind. Was bei einem Zweijährigen mit einer Katastrophe endet, klappt ein halbes Jahr später schon viel besser. Aber dann müssen Sie beständig und geduldig dabeibleiben, stets das individuelle Vermögen Ihres Kindes im Blick behaltend.

Eine kleine Hilfe zum Schlafengehen: Bestehen Sie bei einem Kleinkind mit unregelmäßigem Schlafrhythmus darauf, daß es sich immer zur gleichen Zeit bettfertig macht – in seinem Bettchen darf es dann noch Bücher anschauen. Dieser Forderung kann es eher nachkommen, als wenn Sie erwarten, daß es

sofort die Augen schließt und einschläft. Die Regelmäßigkeit ist wichtig und Bücher angucken eine beruhigende Tätigkeit.

Später bekommt es ohnehin einen regelmäßigeren Rhythmus: Schulbeginn, Mahlzeiten, Hausaufgaben und Spielzeiten lösen sich ab. Es ist klug, stets auf wiederkehrende Abläufe zu achten.

Empfindungsschwelle: „Stell dich nicht so an!“

Es gibt Kinder, die nachts beim kleinsten Geräusch aufschrecken oder bei einer lärmenden Kindergruppe genervt in eine ruhige Ecke fliehen. Auch das muß berücksichtigt werden.

Früher habe ich es wirklich für Anstellerei gehalten, wenn Mirke einen Pullover einfach nicht anziehen wollte oder ständig maulte, daß der Schlüpfer kneift. Da könnte man aber auch aus der Haut fahren …

Inzwischen habe ich gelernt, daß Kinder tatsächlich erstaunlich unterschiedliche Empfindungsschwellen haben, und bemühe mich, meine Sprüche zu lassen und darauf Rücksicht zu nehmen.

Intensität der Reaktion: „Mußt du immer gleich losbrüllen?“

Ich habe ja schon erzählt, wie lautstark unsere Einjährige vor Ungeduld losschrie, als sie die Duplo-Steine nicht aufeinander bekam.

Verständlicherweise ist es für Eltern „schwierig zu handhaben“, wenn ein Kind sehr intensiv reagiert, indem es zum Beispiel losbrüllt, sich auf den Boden schmeißt und nicht beruhigen läßt.

Wie kann man da zu einem guten Zusammenspiel kommen? Auf alle Fälle ist es wertvoll zu wissen, daß dieses Verhalten nicht immer gleich als Rebellion zu betrachten ist, sondern zum Stimmungsmuster des Kindes gehört. So ein Typ wird immer heftiger und lauter reagieren, ob er sich nun ärgert oder freut. Damit muß man sich abfinden.

Manchmal führen pure Mißverständnisse zu Wutausbrüchen. Marie konnte kaum laufen, da tapert sie in die Küche und ruft vehement: „Kau!“ Diesen Urschrei konnten wir bereits als Wunsch, etwas zu trinken, entschlüsseln. Ich reiche ihr ein Glas Milch. Sie: „Nein!“ Ich zeige auf das Mineralwasser. Sie schlägt danach und heult auf. Nach einem weiteren ergebnislosen Versuch reiche ich ihr endlich ein Glas Orangensaft, und mit einem gönnerhaften Blick schlürft sie ihn hinunter. Ich wische mir den Schweiß von der Stirn. Die Kleine wußte von Anfang an genau, was sie wollte – nur ich nicht. Darum der Gefühlsausbruch: „Wann kapiert Papa endlich, daß ich Orangensaft will!?“ Als sie dann einen größeren Wortschatz hatte und auch den Begriff „Kau“ differenzieren konnte, blieben diese heftigen Auseinandersetzungen aus.

Entscheidend ist, wie Sie auf das Kind eingehen. Durch unkluges Verhalten machen Sie manches nur noch schlimmer. Zurückbrüllen, wenn solch ein Kind schreit, kann zu einer Eskalation führen. Das eine möchte nach einem Ausbruch einfach in Ruhe gelassen werden, einem anderen hilft Ablenkung, und ein drittes braucht Trost. Was wirkt bei Ihrem Kind am besten? Probieren Sie es aus!

Bei einem etwas älteren Mädchen, das sehr spontan reagieren kann – glücklicherweise meistens positiv –,

???
Kall...
MANN... WANN SCHECKT ER ENDLICH, DAß ICH ORANGENSAFT HABEN WILL?!?
OBST H-F
PUH NIKA
FALL EN SINA
HAH-Milch

ist es bei dicker Luft besser, sie einfach in Ruhe zu lassen. Es ist klüger, die Angelegenheit nicht in der Hitze des Gefechts anzusprechen, sondern erst, wenn sie sich wieder beruhigt hat. Damit fahren wir gut!

Bei einer anderen ist es richtig, sie nicht allzu lange allein zu lassen, sondern Verständnis für die aufgewühlten Gefühle auszusprechen, Versöhnung anzubieten, sie in den Arm zu nehmen und zu trösten.

Bei Kleinkindern macht sich Ablenkung ganz gut: „Marie, magst du mir beim Puddingmachen helfen?" Und schon trocknen die Tränen …

Negative Auswüchse müssen natürlich gesteuert werden. Die Grenze ist erreicht, wenn Gegenstände durch die Luft fliegen, andere mit Fäusten traktiert werden oder das Geschrei nicht enden will. Halten Sie das kleine Händchen ruhig ein wenig schmerzhaft fest, und betonen Sie nachdrücklich, daß dies nicht erlaubt ist. Oder isolieren Sie das Kind, entweder, indem Sie weggehen und es so keinen Zuschauer mehr hat, oder, indem Sie das Kind in sein Zimmer bringen und es eine Weile zum „Abkühlen" allein lassen.

Ablenkbarkeit: „Mußt du aber auch alles vergessen?"

Alles hat seine Vor– und Nachteile. Ein leicht ablenkbares Kleinkind zum Beispiel ist in vielen Situationen einfach zu handhaben. Wenn es sich beim Wickeln sträubt oder wenn es zur Steckdose krabbelt, läßt es sich schnell mit einer Rassel ablenken. Es zu füttern kann allerdings ein Problem sein. Den Drehungen des Kopfes kann man mit dem Löffel gar nicht schnell genug folgen.

Ein schwer ablenkbares Kind dagegen bewegt beim

Trinken noch nicht einmal den Kopf, wenn neben ihm ein Bauklotzturm krachend zusammenfällt. Dafür ist mit ihm keine schnelle Änderung der täglichen Routine zu erreichen. Wenn es den neuen Spielanzug nicht mag, hilft auch kein Klappern mit der Rassel.

Bei älteren Kindern kehren sich die Probleme um. Das leicht ablenkbare Kind vergißt häufig seine Aufgaben und ist eher durcheinander. Jetzt ist es wichtig, daß sich seine Eltern richtig verhalten und dies nicht vorschnell als Faulheit oder Auflehnung auffassen.

Das mußte ich nämlich bei unserer Tochter lernen. Ines ist ein Sonnenschein. Fast allem kann sie noch eine positive Seite abgewinnen. Bitte ich sie, etwas für mich zu tun, zum Beispiel vorm Schlafen noch den Hund hereinzuholen, trällert sie: „Aber natürlich, Papa. Das mach' ich doch gerne!" Und dann zieht sie ab, trifft auf der Treppe ihre Schwester, und alles ist vergessen ... Ein bellender Hund im Hof reißt mich aus dem Tiefschlaf, und ich wanke im Bademantel nach draußen, um ihn hereinzulassen. In solch einem Zustand hegt man nicht gerade die freundlichsten Gedanken.

Ich bin schließlich zu der Einsicht gekommen, daß dieses Mädchen einfach leicht ablenkbar ist. Da bewirken Schimpfen und Strafen wenig Änderung. Solch ein Typ muß das Sprichwort auswendig lernen: „Was man gleich tut, das vergißt man nicht." Ihm muß man genau erklären, was erwartet wird, und ihn die Aufgabenstellung dann wiederholen lassen. Er braucht Erinnerungshilfen, zum Beispiel einen Aufgabenzettel über dem Schreibtisch, den er sich mehrmals täglich anschaut. Seine Pflichten, beispielsweise Klavierspielen, sollte er jeden Tag möglichst zur gleichen Zeit erledigen. So wird ein gutes Zusammenspiel zwischen Eltern und einem schnell ablenkbaren Kind möglich. Seit wir es so handhaben, haben wir mit unserer Ines wesentlich weniger Reibungspunkte.

Nun erlebe ich aber regelrechte Wechselbäder, denn bei uns tummelt sich, ein paar Jahre jünger, eine Schwester, die offensichtlich schwer ablenkbar ist. So einem Kind fällt es zum Beispiel ganz schwer, sich an neue Situationen zu gewöhnen oder schnell von einer Beschäftigung zur anderen zu wechseln. Wenn schon dreimal zum Essen gerufen oder darum gebeten wurde, die Spielsachen wegzuräumen, und das Kind sich immer noch nicht rührt, kann man schon an sich oder dem Kind zweifeln. Ich war geneigt, sehr ärgerlich zu werden, bis ich das Mädchen genauer beobachtete. Gewissenhaft muß noch schnell das Legodach draufgesetzt werden, ehe sie aufspringt und an den Tisch eilt, oder sie ist mit hochrotem Kopf so stark in ihre Spielwelt vertieft, daß sie meine Aufforderung tatsächlich nicht gehört hat. So etwas registriert man erst, wenn man genauer hinschaut: offensichtlich ein schwer ablenkbares Kind.

Was tun? So ein Kind möglichst nicht plötzlich aus seiner Tätigkeit herausreißen. Warum nicht rechtzeitig eine Ankündigung geben? „Du, in zehn Minuten gibt es Mittagessen!“ Oder eine Zeit nennen, und wenn das Kind die Uhr noch nicht lesen kann, ihm einen aufgezogenen Küchenwecker mitgeben: „Wenn es läutet, ist es Zeit zum Aufräumen!“ Auf diese Weise wird das Zusammenleben leichter!

Ausdauer und Aufmerksamkeitsspanne:
„Bleib doch endlich mal bei der Sache!“

Ausdauer und Aufmerksamkeit werden in unserer Gesellschaft hoch geschätzt. Wer im Beruf vorankommen will, braucht diese beiden Tugenden. Während die Eltern eines kleinen Kindes stöhnen, wenn es hartnäckig immer wieder an etwas Verbotenes heranwill, ist Durchhaltevermögen grundsätzlich gesehen doch sehr lobenswert, oder nicht?

Die Kombination von geringer Ausdauer und kurzer Aufmerksamkeitsspanne ist für Eltern sehr anstrengend – besonders, wenn sie ehrgeizig sind. So ein Verhalten als vorgegebenes Temperamentsmuster zu akzeptieren, fällt schwer.

Diese Kinder haben in der Regel Probleme in der Schule, denn dort wird Ausdauer und Aufmerksamkeit einfach vorausgesetzt. Ein Kind, das nicht über längere Zeit dazu fähig ist, geht einfach unter.

Natürlich haben wir in unserer munteren Schar auch eins mit dieser unglücklichen Kombination. Und sie ist keine Leuchte in der Schule! Sollten wir sie nun ständig drillen und unter Druck setzen?

Wir haben uns gesagt: Eine ausgeglichene, lebensbejahende Persönlichkeit ist wichtiger als ein gehobener Schulabschluß, der mit einer verkorksten Psyche bezahlt wird! Fröhlich und lebensbejahend ist sie, und ich vertraue darauf, daß ein zukünftiger Arbeitgeber sich nicht allein an den Zensuren orientiert, sondern auch an ihrer Persönlichkeit.

Nun muß solch einem Kind geholfen werden, größere Ausdauer und Aufmerksamkeit zu entwickeln – aber seinem Vermögen angemessen und nicht mit Hauruck!

Üben Sie es mit Ihrem Kind geduldig Schritt für Schritt ein. Und wenn Erfolge zu sehen sind, ermutigen Sie es. Beim gemeinsamen Spielen und Arbeiten gelingt es am besten. Sie werden erstaunt sein, wie ausdauernd es bei einem Gesellschaftsspiel sitzen kann, das es begeistert, oder wie lange es im Garten arbeiten kann, wenn es Spaß macht. Also, aufmerksam und ausdauernd zu sein bringt das Kind fertig – nur nicht in der Schule!

Für seine Hausaufgaben braucht solch ein Kind auf jeden Fall einen ruhigen Arbeitsplatz mit wenig Ablenkung. Der Küchentisch, neben dem das Telefon klingelt, das Radio dudelt und die Geschwister spielen, ist der denkbar schlechteste Ort. Seine Arbeitszeiten müssen klar umrissen sein und dürfen dem Kind nicht endlos lang erscheinen, denn dann verliert es gleich den Mut. Lassen Sie sich seine Hausaufgaben nicht erst zeigen, wenn alles erledigt ist, sondern nach jedem Fachbereich. Kleine Belohnungen sind Lockmittel, die es bei der Stange halten.

So etwas macht Mühe, aber wie soll man sonst Fortschritte erreichen? Nur zu schimpfen und an die Willenskraft zu appellieren bringt nichts.

Das langsam zu erwärmende Kind

Das langsam zu erwärmende Kind kann die gleichen Temperamentsanteile aufweisen wie ein schwer zu handhabendes, nur nicht so ausgeprägt. Für dieses Kind möchte ich zusätzlich drei typische Beispiele herausgreifen.

PLAPPER
PLAPPER
PLAPPER
UAHH
PENG PENG
DZONG
CRASH
All my love...
All my
kisses.
15+3-4
2
=
?!?
GRUND-TICK
KTA

Kontaktverhalten: „Stell dich doch nicht so an!"

Dieses Kind wird bei neuen Personen, in einer fremden Umgebung und bei neuen Erfahrungen immer vorsichtig reagieren, sich eventuell zurückziehen und eine Anpassungszeit brauchen. Es benötigt geduldige, sensible Eltern, sonst entsteht ein schlechtes „Zusammenspiel"! Erkennen seine Eltern diesen Temperamentstyp nämlich nicht an und zwingen ihr Kind überstürzt in neue Situationen, ist es gut möglich, daß es immer zurückhaltender und ängstlicher wird. Das Sprichwort „Ein gebranntes Kind scheut das Feuer" paßt zu dieser Situation.

Schon als Baby braucht es einige Anläufe, Geduld und Ruhe, bis es beginnt, ein Bad zu genießen, oder den ungewohnten Brei ißt. Es wird auch einige Zeit dauern, bis es zu einem neuen Babysitter Vertrauen faßt. Sie können also bereits im Kleinkindalter erkennen, ob Ihr Kind zu den „vorsichtigen" Typen gehört.

Denken Sie nur einmal an den Spielkreis in der Gemeinde, an die Kindergruppe auf einer Familienfreizeit oder den Kindergarten. Bis an die Grenze der Peinlichkeit wird Ihr Kleiner sich an Sie klammern und betteln, ihn nicht allein zu lassen. Eine resolute Mitarbeiterin wird Sie vielleicht auffordern, nun endlich zu gehen – und dann schluchzt der Kleine die ganze Kinderstunde hindurch. Was für ein verzogenes Mama-Söhnchen!

Stimmt das? Nun, in vereinzelten Fällen schon – aber selten, wenn es um langsam zu erwärmende Typen geht. Eine Antwort auf die kniffelige Frage: „Stellt es sich nun an, oder leidet es wirklich?" fällt echt schwer. Wenn Ihr Kind sich in neuen Situationen im allgemeinen eher zurückzieht, ist es wahrscheinlich keine Anstellerei. Und ich halte überhaupt nichts von Brachialmethoden, wenn es darum geht, ein Kind kontaktfreudiger zu machen.

Ich kann gut mit diesen Eltern fühlen, denn ich hatte so eine kleine, süße Schüchterne. Jetzt ist sie bereits ein fröhlicher Teenager, aber mit vier Jahren war sie nicht hinter meinen Beinen hervorzukriegen. Die Händchen in meinen Hosenbeinen verkrallt, lugte sie vorsichtig dahinter hervor, wie aus einer sicheren Höhle. Das war schon leicht übertrieben. Sollte ich sie mit Gewalt dahinter hervorholen oder sie gewähren lassen? Glücklicherweise entschied ich mich für die zweite Möglichkeit. Diese Geborgenheit entspannte sie so sehr, daß sie im Grundschulalter aufgeschlossener wurde und mit vertrauten Personen und Situationen gut umgehen konnte. Aber ein vorsichtiger Typ ist sie stets geblieben; und auch das kann in manchen Situationen nur von Vorteil sein.

Für die Eltern ist es gar nicht so schwierig, mit solch einem Kind umzugehen – vorausgesetzt, sie akzeptieren, daß es eine normale Temperamentsqualität ist und nicht anormal, in neuen Situationen zunächst einmal nein zu sagen und sich zurückzuziehen. Akzeptieren Sie es, aber geben Sie nicht klein bei: Jedes Kind muß mit neuen Situationen umgehen lernen, dieser Typ jedoch behutsam und in kleineren Schritten als andere. Das Kind braucht Verständnis für seine Empfindungen und Ermutigung für jeden neuen Schritt. Vor allem darf es nicht ständig gedrängelt werden.

Es wäre ideal, wenn Sie die ersten Male im Spielkreis ermutigend am Rand sitzen könnten; und wenn es nicht klappt, nehmen Sie Ihren Zweijährigen wie-

BMW
BeMy
WITNESS
JESUS

der zu sich. Lieber ein paar Monate warten als jetzt mit Gewalt vorgehen und alle bisherigen Fortschritte aufs Spiel setzen. Vielleicht müssen Sie auch den Kindergartenbesuch um ein Jahr verschieben. Mit drei und vier Jahren durchleben manche Kinder – die langsam zu erwärmenden gehören bestimmt dazu – eine kritische seelische Phase, in der sie auf Veränderungen besonders empfindlich reagieren. Um ihre gesunde Ich-Identität weiterentwickeln zu können, brauchen sie konstante Beziehungen. Sorgen Sie lieber dafür, daß solch ein Kind viel Kontakt zu Freundeskindern hat, ehe Sie es verfrüht dem Kindergartentrubel übergeben.

Anpassungsfähigkeit: „Was ist nur los mit dir?“

Ein Kleinkind mit guter Anpassungsfähigkeit macht es seinen Eltern leicht. Sie können sich ein recht bewegtes Leben erlauben …

Ganz anders, wenn ein Kind auf Änderungen in seiner vertrauten Umgebung allergisch reagiert. Dann sieht der Familienalltag ähnlich aus wie bei einem Kind mit spontanen Rückzugstendenzen.

Während wir unsere kleine Marie als Baby überall mit hinnehmen konnten, war ihr gleichaltriger Cousin nicht zu beruhigen, wenn er nur einmal in einem anderen Babybettchen schlafen sollte. Roch er jedoch den vertrauten „Stallgeruch“, entspannte er sich sichtlich. Eigentlich könnte man ja meinen, einem fünf Monate alten Baby sollte egal sein, wo es schläft; es kriegt ohnehin nicht viel mit. Das stimmt eben nicht: auch ein Baby ist schon eine Persönlichkeit! Während wir mit unserer Kleinen fröhlich in Urlaub fuhren, verbrachten unsere Verwandten den Urlaub im ersten Jahr vernünftigerweise lieber auf „Balkonien“. Der Streß wäre doch zu groß gewesen!

Eltern, die verstehen, was hinter solch einem Verhalten steckt, können mit ihrem Kind entspannter umgehen. Wenn etwas nicht so wichtig ist oder auf das Kind bedrohlich wirkt, sollten Sie ruhig nachgeben; dann merkt es nämlich, daß auf seine Bedürfnisse und Ängste Rücksicht genommen wird. Wenn es wichtig ist, müssen Eltern hartnäckig bleiben: Es kann helfen, ruhig auf das Kind einzureden und Verständnis für seine Gefühle zu äußern – vor allem, wenn es weiß, daß seine Eltern sich nicht beirren lassen.

Bekannte von uns mußten in eine andere Wohnung ziehen, als ihr ältestes Kind vier Jahre alt war. Durch den plötzlichen Verlust der vertrauten Umgebung geriet das Kind total durcheinander: Es wachte nachts schreiend auf, traute sich nicht allein in den Garten und war recht bockig. Nur gut, wenn verständnisvolle Eltern solch ein Verhalten richtig einordnen können und erkennen, daß dies die Reaktionsform eines Menschen ist, der sich nur langsam anpaßt.

Meinen Sie nicht, daß hohe Anpassungsfähigkeit der idealere Temperamentszug ist! Na klar, das macht den Umgang mit dem Kind zunächst einmal leichter, es kann sich auch schneller in unserer komplexen Gesellschaft orientieren. Aber genauso schnell kann es sich unguten Einflüssen öffnen und seine Eltern mit gewagten Unternehmen in Atem halten.

Stimmungsqualität:
„Mach doch mal ein anderes Gesicht!"

Weil langsam zu erwärmende Kinder halt vorsichtig und eher mißtrauisch sind und leider oft genug gegen ihren Willen gedrängelt werden, haben viele von ihnen eine überwiegend negative Grundstimmung. Mein schon erwähnter Neffe zog als Baby seine Stirn stets in tiefe Falten, wenn ihm eine fremde Person zu nahe kam.

Aber je sicherer so ein Kind sich fühlt, desto stärker kann sich auch seine Stimmung entspannen. Es kann wirklich ziemlich anstrengend werden, wenn ein Kind viel nörgelt, Negatives immer zuerst sieht und schwer zufriedenzustellen ist …

Vor allem lebhaften Eltern mit vorwiegend positiver Grundstimmung fällt es schwer, damit umzugehen. So ein Kind darf von ihnen nicht gehänselt werden und braucht auch einmal seine Ruhe, um seine Empfindungen ausbrüten zu können. Wenn es sich akzeptiert und geborgen weiß, wird es sich auch in einer lebendigen Familie wohl fühlen und sich von der fröhlichen Stimmung der anderen eher mitreißen lassen.

Auf das „Zusammenspiel“ kommt es an!

Ich möchte das bisher Erarbeitete noch einmal in drei Thesen zusammenfassen:

– Babys sind von Anfang an unterschiedlich!

Die Unterschiede zeigen sich in ihren verschiedenen Temperamentsmerkmalen, die man auch als ererbtes „Energieschema“ bezeichnen kann.

– Das Kind wirkt aktiv an seiner Entwicklung mit!

Weder Eltern noch Umwelteinflüsse allein legen die Persönlichkeitsstruktur eines Kindes fest, sondern es steht in ständiger Wechselbeziehung (Interaktion) mit ihnen.

– Den „idealen“ Elterntyp, der zu jedem Kind paßt, gibt es nicht!

Dazu sind Kinder und Erwachsene viel zu verschieden. Ziel ist, eine gute Qualität im Zusammenleben zu erreichen: eine gute Übereinstimmung zwischen elterlichen Erwartungen, kindlichem Temperament und Umweltbedingungen.

Keine falschen Erwartungen!

Ich habe mich bemüht, Ihnen zu helfen, Ihren eigenen Erziehungsstil und das Temperamentsmuster jedes Ihrer Kinder zu erkennen. Jetzt kommt es darauf an, ein gutes Zusammenspiel zu finden!

Temperamentsmerkmale zuordnen hat natürlich auch seine Gefahren, nämlich, wenn ein Kind falsch eingeordnet oder sogar festgelegt wird.

Nehmen wir einmal an, Sie stellen fest, daß Sie ein sehr aktives Kind mit überwiegend negativer Stimmung haben. Es wäre falsch, jetzt so zu reagieren: „Ja, ja, ich hab's mir schon immer gedacht, es ist ein Quertreiber und Miesmacher. Damit muß ich mich wohl abfinden. Womit habe ich das nur verdient?" Das Kind darf auf keinen Fall resignierend in irgendeine „Temperaments-Schublade" gesteckt werden.

Diese Liste ist auch kein psychologischer Test, sondern lediglich eine Orientierungshilfe! Selbst wenn die Grundzüge gleichbleiben, können sich die einzelnen Temperamentsanteile mit zunehmendem Alter grundlegend verändern. Das ist vor allem auf die wachsende Reife des Kindes und das geschickte Eingehen der Eltern zurückzuführen.

Es geht hier also darum, wie Sie heute und morgen besser miteinander klarkommen können!

Meiner Beobachtung nach begehen Eltern schnell zwei Fehler:

- Sie vergleichen ein Kind mit dem anderen,
- und sie stellen Erwartungen, die sich nicht mit dem Temperamentsmuster des Kindes vereinbaren lassen.

Je mehr Kinder Sie haben, desto sorgsamer müssen Sie darauf achten, jedes einzelne als individuelle, eigenständige Persönlichkeit zu sehen. Das Durcharbeiten der Temperamentsliste wird Ihnen helfen, die Einzigartigkeit jedes Kindes zu erkennen und zu fördern. Jetzt müssen Sie nur noch aufhören, von allen das gleiche zu erwarten. Das eine ist eben flinker oder aufgeschlossener, lauter, schmusiger, intelligenter ... als das andere. Schließen Sie jedes so in Ihr Herz, wie es ist, und fördern Sie es seinem Temperament gemäß.

Dieser aufmerksame Blick wird Sie auch davor bewahren, unangemessene Erwartungen zu stellen und unbarmherzigen Mißdeutungen zu erliegen. Zu häufig wird ein „sehr aktives Kind" als undiszipliniert oder ungehorsam abgestempelt, ein „langsames" als träge und stumpfsinnig, oder ein „leicht ablenkbares Kind" wird ständig wegen seiner Schusseligkeit beschimpft.

Unzählige Kinder leben täglich in dem niederdrükkenden Bewußtsein, den ehrgeizigen Erwartungen ihrer Eltern nicht zu entsprechen. Ständig werden sie angetrieben oder bekommen eins drauf. Solch ein Kind hat es schwer, ein gesundes Wertbewußtsein zu entwickeln und seine Qualitäten zu erreichen.

Folgende Botschaft möchte ich Ihnen ins Herz brennen: Stellen Sie keine Forderungen, die Ihr Kind auf Grund seiner Charakteristik nicht erfüllen kann!

Im letzten Kapitel habe ich Ihnen schon eine Fülle von Beispielen genannt, wie Sie auf die unterschiedlichen Temperamentsmuster eingehen können. Ein „langsam zu erwärmendes Kind" braucht nun einmal Zeit und viel Ermutigung, bis es sich entspannt in eine neue Situation einfindet. Wenn seine Eltern das nur erkennen und als allgemeines Umgangsmuster anwenden würden – sie würden sich und dem Kind eine Menge Frustrationen ersparen!

WAS HEIßT HIER „GUTE ARBEIT" ?!?
DU WEIßT DOCH: Bei uns zuHause zählt nur 'ne 1
Mathearbeit
KA

Am Thema „Sauberkeitserziehung“ oder „Stillsitzen“ läßt sich gut illustrieren, was gutes und schlechtes Zusammenspiel ist: Für ein sehr aktives Kind mit unregelmäßigem Rhythmus kann das Leben bei recht strengen Eltern schon mit zwei Jahren zur Qual werden. Das kann noch eskalieren, wenn der ältere Bruder ausgerechnet zu den „leicht zu handhabenden“ Kindern gehört, und das gleiche Verhalten ohne viel nachzudenken auch von der jüngeren Schwester erwartet wird …

Temperament oder Faulheit?

Das „Zusammenspiel-Konzept“ bedeutet allerdings nicht, ein Kind vor Frustrationen und Lernprozessen zu bewahren: „Es hat nun mal dieses Temperament und verhält sich folglich so.“ Natürlich muß es sich in unserer Gesellschaft bewähren, und die nimmt auf Temperamentsanteile keine große Rücksicht.

Oft genug werden Sie sich bei gewissen Eigenarten fragen: „Muß ich das nun seinem Temperament zuschreiben, oder ist es Unwilligkeit, vielleicht sogar Faulheit?“ Nur durch sorgfältiges Beobachten können Sie eine Antwort darauf finden.

Dabei könnte es Ihnen helfen, wie Chess und Thomas zwischen *„Muß-Situationen“*, *„wünschenswerten“* und *„unwichtigen“* zu unterscheiden.[11]

Manches ist im Familienalltag einfach ein Muß. Jedes Kind muß sich selbst anziehen lernen, es muß sauber werden, muß gewisse Gefahren meiden, das Recht anderer respektieren …

Je nach Reife und Temperament werden sich Kinder williger oder unwilliger darauf einstellen. Und Sie können durch individuell abgestimmte Anforderungen und Ihr Einfühlungsvermögen zu einem guten Zusammenspiel beitragen.

Andere Dinge sind *wünschenswert,* aber nicht zwingend notwendig. Es ist wünschenswert, daß ein Dreijähriger keine Windel mehr braucht und ein Vierjähriger mit den anderen am Tisch sitzt und alles mitißt – aber ist es lebensnotwendig? Nein, individuelle Eigenarten können toleriert werden: Ein Kind mit unregelmäßigem biologischen Rhythmus wird seine Windel halt noch ein paar Monate länger tragen, und ein sehr aktives Kind darf auch noch mit fünf Jahren vom Tisch aufspringen, wenn es mit Essen fertig ist. Das nenne ich gutes „Zusammenspiel"!

Und dann gibt es noch eine ganze Palette, wo Übereinstimmung *unwichtig* ist und es keinen Grund gibt, auf Anpassung zu bestehen. Das trifft besonders zu, wenn das Kind etwas älter wird: Kleidung, Spiele, Hobbys, Zeiteinteilung … Eltern mögen zwar enttäuscht sein, daß ein Kind ganz andere Interessen entwickelt, als sie es sich wünschten, aber die gute Qualität des Zusammenlebens muß darunter nicht leiden.

Unterscheiden Sie diese drei Bereiche bitte bei Ihren Erziehungszielen und Erwartungen, denn es gibt leider genug Eltern, die „unwichtige" Dinge zu einem „Muß" machen …

Nur so wird es Ihnen gelingen, Ihr Kind vor Überforderung und sich selbst vor Enttäuschung zu bewahren!

Und wenn Eltern das Temperament durchgeht?

Ihren Erziehungsstil durften Sie ja schon anhand des Schaubildes im zweiten Kapitel einordnen. Ob Sie sich nun auf den Typ Ihres Kindes einstellen können?

Eltern mit „nachlässigem“ Erziehungsstil werden bei „einfachen“ Kindern wahrscheinlich Erfolg haben, aber nicht bei einem „schwierig zu handhabenden“. Ein eher „autoritärer Vater“ wird mit einem sehr lebhaften und lauten Kind öfters aneinandergeraten als mit einem anpassungsfähigeren, ruhigen. Ein „langsam zu erwärmendes Kind“ könnte bei einem „vernachlässigenden“ Erziehungsstil total verkümmern ...

Eine autoritätsbezogene Elternschaft mit viel Ermutigung, aber auch Lenkung, die je nach den Temperamentsanteilen eines Kindes das eine oder andere etwas stärker betont, wird das beste Zusammenleben ermöglichen. Es liegt auf der Hand, daß ein sehr aktives, leicht ablenkbares Kind stärkere Kontrolle und Lenkung benötigt als ein ruhiges, beständiges. Ein langsam zu erwärmendes Kind braucht gezieltere Ermutigung als ein selbstbewußtes, eigenständiges.

Und dann muß noch Ihr eigenes Temperament berücksichtigt werden! Sind Sie schon darauf gekommen, sich anhand der neun Temperamentsanteile einmal selbst einzuordnen? Zu welchem Menschentyp zählen Sie eigentlich? Sind Sie unkompliziert und leicht zu handhaben, zurückhaltender und langsam zu erwärmen oder temperamentvoll und schwieriger im Umgang?

Wenn eine sehr aktive Mutter mit hoher Reaktionsintensität den Alltag mit einem ebenso veranlagten Kind gestalten muß, können schnell die Fetzen fliegen. Aber denken Sie nicht, daß sich das Zusammenleben leichter gestalten läßt, wenn andere Temperamentsmuster aufeinandertreffen.

Einfacher wird es wohl erst werden, wenn man seine persönlichen Stärken und Schwächen durchschaut, sich bemüht, gut mit ihnen umzugehen, und den anderen mit seinen Eigenarten versteht und akzeptiert. Sind darüber hinaus sowohl Eltern als auch Kinder bereit, sich zu entschuldigen, wenn das Temperament durchgegangen ist, sind sie auf dem besten Weg zu einem guten Zusammenspiel.

TUT MIR LEID, MEIN SCHATZ...
MIR AUCH, MAMA... TSCHULDIGUNG
WA

Anmerkungen

1 Rita Kohnstamm, „Praktische Kinderpsychologie“, Hans Huber, Bern 1987, S. 17.

2 Jack und Judith Balswick, „The Familiy – a christian perspective on the contenporary home“, Baker Book House, Michigan 1989, S. 95.

3 Claudia und Eberhard Mühlan, „Is' was, Mama? Kinder-Erziehung von der Vorschule bis zur Vorpubertät“, Schulte & Gerth, Asslar 1991, S. 13-16.

4 Rita Kohnstamm, a.a.O., S. 40.

5 Rolf Oerter, Moderne Entwicklungspsychologie, Ludwig Auer, Donauwörth 1969, S. 45.

6 Rita Kohnstamm, a.a.o., S. 68.

7 Stella Chess und Alexander Thomas, „Know Your Child“, Basic Books, Inc., New York 1989, S. 25.

8 Stella Chess und Alexander Thomas, a.a.o., S. 28-31.

9 Stella Chess und Alexander Thomas, a.a.o., S. 32.

10 Stella Chess und Alexander Thomas, a.a.O., Hervorhebungen durch den Autor.

11 Stella Chess und Alexander Thomas, a.a.O.

12 Stella Chess und Alexander Thomas, a.a.O.

13 Claudia und Eberhard Mühlan, „Is' was, Mama?“, a.a.O., S. 167.

14 Stella Chess und Alexander Thomas, a.a.O., S. 76.

Weitere Bücher von Eberhard Mühlan:

Früh übt sich ...!
Christlicher Lebensstil und Andachten in der Familie

Es kann schwer kontrollierbare Folgen haben, wenn die geistlichen Grundlagen der Kindererziehung nicht in Ordnung sind. Dennoch – Unsicherheit und mangelnde Übung halten viele Eltern davon ab, in ihrer Familie für einen geregelten, glaubwürdigen christlichen Lebensstil zu sorgen. Hier hilft dieses Buch!

Humorvoll und von reicher Erfahrung geprägt, zeigt der beliebte Autor, wie man Kinder altersgemäß an die Bibel heranführt, mit ihnen betet, Feste feiert, Andachten durchführt usw.

Band 1 der Taschenbuchreihe „Mühlan-Tip“

Taschenbuch, 108 Seiten
Best.-Nr. 15 681

Papa, rück' die Scheine raus!
Kinder lernen, mit Geld umzugehen

Wieviel „Taschengeld" ist genug?
Was soll das Kind davon bestreiten?
Ist „Taschengeldentzug" eine geeignete Strafe?
Diese Fragen umreißen ein brisantes Thema, das in vielen Familien dauerhaften Streit garantiert.

In seiner praktischen, auf viel Erfahrung beruhenden Art beantwortet Eberhard Mühlan die oben genannten und viele andere oft gestellte Fragen. Er weist aber auch darauf hin, daß der Begriff „Taschengeld" die wahren Notwendigkeiten eher verschleiert, und plädiert für eine umfassende Wirtschaftserziehung.

Band 2 der Taschenbuchreihe „Mühlan-Tip"

Taschenbuch, 110 Seiten
Best.-Nr. 15 137

Mama, Papa hat gesagt ...!
Kommunikation mit Kindern

Hätten Sie gedacht, daß Kommunikation nur zum geringsten Teil aus Reden besteht? Schließlich gehört ja auch das Zuhören dazu, und außerdem tauschen Eltern und Kinder auf vielfältige Weise Signale aus – bewußt oder unbewußt. Jedenfalls steht dieser Prozeß im Zentrum der Erziehung und verdient viel Aufmerksamkeit und Sorgfalt. Eberhard Mühlan beschreibt in diesem Buch u.a. unterschiedliche „Kommunikationstypen" und erläutert, wie sie sich auf das Miteinander von Eltern und Kindern auswirken.

Auch diesmal finden Sie in den Mühlan-Tips praktische Ratschläge, wie Sie gute Gelegenheiten und eine Atmosphäre schaffen, um die Herzen Ihrer Kinder aufzuschließen – vor allem aber, wie Sie ein warmherziger, kindgemäßer Kommunikationstyp werden können.

Band 3 der Taschenbuchreihe „Mühlan-Tip"

Taschenbuch, 73 Seiten
Best.-Nr. 15 184